Proyección astral

Una guía sobre cómo viajar por el plano astral y tener una experiencia fuera del cuerpo

© Copyright 2020

Todos los derechos reservados. Ninguna parte de este libro puede ser reproducida de ninguna forma sin el permiso escrito del autor. Los revisores pueden citar breves pasajes en las reseñas.

Descargo de responsabilidad: Ninguna parte de esta publicación puede ser reproducida o transmitida de ninguna forma o por ningún medio, mecánico o electrónico, incluyendo fotocopias o grabaciones, o por ningún sistema de almacenamiento y recuperación de información, o transmitida por correo electrónico sin permiso escrito del editor.

Si bien se ha hecho todo lo posible por verificar la información proporcionada en esta publicación, ni el autor ni el editor asumen responsabilidad alguna por los errores, omisiones o interpretaciones contrarias al tema aquí tratado.

Este libro es solo para fines de entretenimiento. Las opiniones expresadas son únicamente las del autor y no deben tomarse como instrucciones u órdenes de expertos. El lector es responsable de sus propias acciones.

La adhesión a todas las leyes y regulaciones aplicables, incluyendo las leyes internacionales, federales, estatales y locales que rigen la concesión de licencias profesionales, las prácticas comerciales, la publicidad y todos los demás aspectos de la realización de negocios en los EE. UU., Canadá, Reino Unido o cualquier otra jurisdicción es responsabilidad exclusiva del comprador o del lector.

Ni el autor ni el editor asumen responsabilidad alguna en nombre del comprador o lector de estos materiales. Cualquier desaire percibido de cualquier individuo u organización es puramente involuntario.

Índice

INTRODUCCIÓN 1
CAPÍTULO UNO: CONCEPTOS DE ENERGÍA ESENCIAL 3
    CAPA ETÉRICA 6
    CAPA EMOCIONAL 6
    CAPA MENTAL 7
    CAPA ASTRAL 8
    CAPA PLANTILLA ETÉRICA 8
    CAPA CELESTIAL 9
    CAPA KETÉRICA 9
CAPÍTULO DOS: ¿PROYECCIÓN ASTRAL, VIAJE ASTRAL, O EFC? 11
CAPÍTULO TRES: PROYECCIÓN ASTRAL Y SUEÑOS 18
    SUEÑO LÚCIDO 19
    EN LA PROYECCIÓN ASTRAL 20
    VIAJE ASTRAL DURANTE EL SUEÑO 20
CAPÍTULO CUATRO: LOS BENEFICIOS DE LA PROYECCIÓN
ASTRAL 25
CAPÍTULO CINCO: 8 COSAS QUE DEBE SABER ANTES DE
INTENTAR UNA EFC 33
CAPÍTULO SEIS: PREPARACIÓN PARA LA PROYECCIÓN ASTRAL 40
    AFIRMACIONES POSITIVAS 41
    VISUALIZACIÓN 42
    HIPNOSIS Y SUGERENCIAS SUBLIMINALES 43

Consejos para prepararse 44

CAPÍTULO SIETE: 5 TÉCNICAS BÁSICAS DE PROYECCIÓN ASTRAL 47

Técnica de la cuerda 48
EFC de sueños lúcidos 51
Técnica de la conciencia desplazada 52
Viéndose a sí mismo dormir 53
La técnica de Monroe 55
La técnica de la sed de Muldoon 57
Otras técnicas básicas de proyección astral 57

CAPÍTULO OCHO: TÉCNICAS AVANZADAS DE EFC 59

Técnica de focalización 60
Técnica de frecuencia de sonido 62
Técnica de conexión del Yo Superior 63
La Técnica del Espejo 64
Técnica REM 66

CAPÍTULO NUEVE: QUÉ ESPERAR CUANDO SE PROYECTA EN EL ASTRAL 68

Parálisis 69
Vibraciones 69
Aumento de la frecuencia cardíaca 70
Zumbido 70
Hormigueo/entumecimiento 71
Hundimiento 71
Flotando 72
Ruido fuerte 72
3 Preguntas frecuentes sobre los viajes en el plano astral 73

CAPÍTULO DIEZ: CÓMO PROTEGERSE EN EL PLANO ASTRAL 75

Aumente su vibración 76
Evite los problemas 76
Luche y busque ayuda 77
5 cosas que pueden ayudarle a aumentar su vibración 78

CAPÍTULO ONCE: ENCUENTRO CON LOS GUÍAS ESPIRITUALES Y OTRAS AVENTURAS DE VIAJES ASTRALES AVANZADOS 81

    Factores que determinan quién es su guía espiritual.................. 83

    Acceso a los registros Akáshicos 85

    Consejos para acceder al registro Akáshico................................ 86

    ¿Sexo en el plano astral?... 89

CAPÍTULO DOCE: CÓMO VOLVER AL CUERPO FÍSICO 91

CAPÍTULO TRECE: EFECTOS SECUNDARIOS E INTEGRACIÓN 94

    Meditación fuera del cuerpo 95

    Diario 96

CAPÍTULO CATORCE: CURACIÓN CON ENERGÍA 98

CAPÍTULO QUINCE: AUMENTE SUS HABILIDADES DE CLARIVIDENCIA MEDIANTE LA PROYECCIÓN ASTRAL 101

CONCLUSIÓN 105

VEA MÁS LIBROS ESCRITOS POR MARI SILVA 106

Introducción

La proyección astral ha existido por miles de años, pero no se dio a conocer en los medios de comunicación hasta hace poco. Desde su entrada en los medios, la proyección astral se ha convertido en un tema candente. Para algunas personas, es solo una tendencia pasajera; para otras, es una palabra de moda, y el barullo pronto desaparecerá. Sin embargo, la proyección astral es mucho más que eso. Hace años, los humanos creían que el cuerpo físico era todo lo que había para la vida y la existencia. Pero se demostró que estaban equivocados cuando salió a la luz el conocimiento de otro cuerpo, típicamente llamado cuerpo etéreo, el espíritu o el cuerpo astral. La proyección astral, o experiencia fuera del cuerpo, se utiliza para describir el proceso de enviar este cuerpo etéreo, dándole la libertad de viajar por el universo sin el cuerpo físico. Cada individuo posee la capacidad de hacer esto, pero no todos han aprendido a aprovecharla. El propósito de este libro es ayudar a la gente que no ha dominado cómo usar esta habilidad en su beneficio.

La proyección astral ha sido vinculada a beneficios tanto físicos como mentales. Como resultado, muchas personas se han interesado en la práctica, esperando usarla como una herramienta para el desarrollo y el crecimiento personal. Debido a la nueva introducción de la proyección astral en los medios de comunicación, muchos de los recursos disponibles sobre este tema ofrecen información muy vaga y en su mayoría poco útil. Mucha de la información no ayuda realmente a nadie que quiera tomarse en serio la práctica de la proyección astral. La mayor parte es teórica, y no hay ejemplos prácticos. Si usted está leyendo esto actualmente, es probable que también esté interesado en aprender cómo inducir las proyecciones astrales y las experiencias fuera del cuerpo, y utilizarlas para su crecimiento y desarrollo personal. También es probable que no haya encontrado los recursos adecuados, que ofrezcan información real y le ayuden en sus esfuerzos de viaje astral. Bueno, su búsqueda de la guía correcta ha llegado a su fin.

Proyección astral: Una guía sobre cómo viajar por el plano astral y tener una experiencia fuera del cuerpo contiene todo lo que siempre ha querido en un libro sobre la proyección astral. Este libro es diferente de todos los demás textos del mercado, ya que incluye información actualizada y relevante que hará que su sueño de proyección astral se haga realidad. Desde el primer hasta el último capítulo, este libro le ofrece algo que otros libros no ofrecen: una perspectiva teórica y práctica sobre la proyección astral, los viajes astrales y las experiencias fuera del cuerpo. No importa si usted es un principiante que sabe muy poco sobre la proyección astral o alguien que ya conoce lo básico, todo el mundo aprenderá con esta guía. Con la información más reciente y basada en hechos sobre los campos de energía, los centros de energía, las técnicas de viaje astral y la exploración astral, esta guía agota todo lo que usted necesita saber para comenzar con la proyección astral.

Si desea mejorar su conciencia e iluminación, y convertirse en una versión mejorada de sí mismo, física y mentalmente, siga leyendo. Sin embargo, si no le importa mucho el desarrollo personal, cognitivo y espiritual, puede que este no sea el libro adecuado para usted. Esta guía es para las personas que quieren mejorar. Si usted está listo para emprender un increíble viaje de autodescubrimiento y proyección astral, ¡siga leyendo!

Capítulo uno: Conceptos de energía esencial

Cada humano es un ser espiritual en un cuerpo físico. Como ser espiritual, su cuerpo físico está rodeado por un "aura", un campo de energía que consiste en siete capas diferentes.

Como principiante en la espiritualidad y en las lecturas de energía, la afirmación anterior puede parecer un poco confusa. Sin embargo, no será tan complicada una vez que usted sepa lo que significa. Así que, para descomponerlo: Su cuerpo —el cuerpo humano— está compuesto por diferentes capas de energía, también llamadas niveles de energía. Estas siete capas están separadas y son individuales, pero se interpenetran. Estas capas de energía rodean su cuerpo físico, y juntas, forman su aura. El aura también se conoce como el campo de energía humano. Científicamente, el aura se llama "campo electromagnético". Rodea el cuerpo y se extiende hacia afuera en todas las direcciones, dando como resultado una gran forma ovalada.

Todo organismo vivo tiene su aura, una frecuencia de vibración energética de luz. El campo áurico, o campo de energía, comprende varios colores y un color específico que cubre la mayor área en todo momento. Los colores de su aura sirven como indicadores de su energía, pensamientos, sentimientos y nivel de conciencia. Por lo general, los colores áuricos son los mismos en la mayoría de las personas, pero pueden variar de una persona a otra en algunos casos. En un estado equilibrado, su aura irradia un tono muy brillante y abrumador que se extiende varios pies alrededor de su cuerpo físico. Sin embargo, en un estado de desequilibrio o enfermedad, el campo áurico cambia a un color opaco y se retrae al cuerpo físico. Lo ideal es que los colores áuricos siempre irradien un tono brillante, ya que esto representa vitalidad, positividad y buena salud. Los colores más oscuros y pacos indican enfermedad, negatividad y un desequilibrio general de todo el cuerpo.

Los colores de su aura son los indicadores de su estado mental. Por lo tanto, cada color significa cosas diferentes. Aquí están algunos de los colores áuricos y lo que simbolizan:

• El púrpura representa su nivel de conciencia y apertura. El púrpura en un aura típicamente aparece como destellos de colores que se integran con los bloques de color más grandes.

• El azul significa el nivel de habilidades intuitivas, dependiendo del tono. Un color azul real brillante puede indicar fuertes habilidades clarividentes y energía equilibrada.

• El verde simboliza las habilidades de curación. Tener un color verde azulado en su aura significa que usted tiene poderes de curación dominantes.

• El amarillo indica curiosidad. Si usted tiene amarillo en su aura, significa que está pasando por lo que se conoce como un despertar espiritual.

• El naranja simboliza la vitalidad. También es un indicador de sus emociones. Un color naranja brillante en su aura muestra que usted está vibrante y con buena salud. Combinado con destellos de rojo, representa una robusta confianza en sus habilidades.

• El rojo significa acciones. El rojo oscuro es un indicador de ira reprimida y otras energías negativas. En contraste, un tono de rojo más brillante simboliza la autosuficiencia.

- Los colores del arco iris en un aura se encuentran típicamente en los sanadores naturales, maestros espirituales y trabajadores de la luz.

El aura existe para proteger el cuerpo físico y proteger su espíritu de la frecuencia de vibración negativa, que puede potencialmente dañarle. La energía o campo áurico es el almacenamiento de sus pensamientos, creencias, recuerdos y experiencias de vida. Los chakras y el aura están unidos; por lo tanto, los chakras afectan al aura. Pueden iniciar cambios en la forma y los colores de su aura. Esto es precisamente por lo que las auras humanas varían de un individuo a otro. Debido a las diferencias en el pensamiento y los patrones emocionales, sus vibraciones están cambiando continuamente. Cuando usted experimenta una emoción de baja vibración, el aura atenúa sus colores para reflejar esto. En la misma respiración, se ilumina y expande su radiación cuando usted está de buen humor, y su frecuencia vibratoria está en un nivel alto.

Las siete capas de energía del campo áurico también se denominan "cuerpos sutiles". Son distintos en sí mismos, al contrario que el campo vibratorio único que mucha gente cree que son. Estas siete capas de energía están conectadas a los siete chakras, y se correlacionan con los diferentes niveles de experiencia. Aunque usted puede ver su cuerpo físico, no puede ver los otros siete cuerpos sutiles a menos que tenga poderosas habilidades clarividentes o perceptivas. Incluso las personas que son muy versadas en la lectura de la energía áurica tienen dificultades para entender las capas de energía. Pero usted no necesita ser capaz de ver las capas áuricas antes de que pueda sentirlas. Todo lo que necesita es entender lo que son y cómo trabajar con ellas. Una vez que lo sepa, podrá aprovecharlas para lograr cosas como afinar sus pensamientos, afinar sus emociones o tener una experiencia fuera del cuerpo.

Capa etérica

La capa etérica es el primer cuerpo de energía y es el más cercano a su cuerpo físico. A menudo, etérico se utiliza como sinónimo de aura o cuerpos sutiles. Lo etérico es un derivado del "éter", que se considera un lugar más allá del espacio. El campo de energía etérica está a unos cinco centímetros del cuerpo físico. Como parte crítica de todo el campo energético, la energía etérica es la primera capa que rodea al cuerpo físico. Los expertos que tienen la habilidad especial de sentir la segunda subcapa de energía la describen como una sensación de estiramiento. Es similar a una red, una red de energía que es exactamente como el cuerpo físico. La capa etérica mantiene su cuerpo físico en su lugar. Es donde se encuentran tus principales nadis, pequeños canales de energía.

La capa etérica está unida al chakra de la raíz en la base de su columna vertebral. Su color varía de azul a violeta y a gris plateado. De todos los cuerpos sutiles, la capa etérica es la más fácil de ver con los ojos. Incluso usted puede ver el suyo cuando se frota las manos por lo menos por 30 segundos. Debido a su conexión con la salud y la vitalidad del cuerpo físico, las personas que están físicamente en forma y activas tienden a tener cuerpos etéricos poderosos.

Capa emocional

Esta capa áurica es el segundo cuerpo sutil, a unos cinco centímetros de su cuerpo físico. La capa emocional interpenetra los cuerpos físico y etérico. También sirve como un puente entre el cuerpo mental y el físico. Está conectada al chakra sacro y sirve como contenedor de todas sus emociones y sentimientos. Como el almacenamiento de sus sentimientos y miedos, el campo emocional sintetiza e interpreta su experiencia del mundo. Determina cómo usted reacciona, interpreta y responde a las situaciones internas y externas, incluyendo las percepciones de otras personas sobre usted.

El cuerpo emocional es un espectro de color que existe como un cuerpo en movimiento fluido. Dependiendo de su experiencia emocional, los colores pueden ser brillantes, cálidos y saturados, o peligrosamente oscuros, tranquilos y nublados. El vínculo entre el campo mental y el emocional es el motivo por el cual las personas tienen diferentes percepciones sobre la misma situación. Cuando el cuerpo emocional está desequilibrado, es fácil malinterpretar y reaccionar irracionalmente a las situaciones. Sin embargo, en equilibrio, el campo emocional actúa como el centro de todo. En otras palabras, regula su estado emocional. Piense en ello como el conductor de su conciencia.

Capa mental

El cuerpo mental es la tercera capa del campo áurico. Enganchado al tercer chakra, es responsable de la formulación de los procesos de pensamiento. Por el nombre, se puede decir que esta capa se conecta con la mente, la capacidad cognitiva y el estado mental. La capa mental también está conectada con el chakra del plexo solar, que es amarillo. Por lo tanto, toma la apariencia de una nube amarilla dorada que rodea la cabeza y los hombros de cada persona.

La capa mental está de tres a ocho pulgadas de su cuerpo físico. Sin embargo, se expande cuando se involucra en un pensamiento intenso o en el procesamiento del pensamiento. Al igual que el cuerpo físico y etérico, el cuerpo mental también tiene una estructura. Dentro de la capa, usted puede ver cómo se forman los pensamientos. Los colores de la capa mental están conectados con algunos colores del cuerpo emocional. Los colores vinculados entre sí representan las emociones asociadas a cada forma de pensamiento, lo que explica por qué las capas mental y emocional están conectadas.

Cuando usted se enfoca intensamente en un pensamiento en particular, el pensamiento parece bien formado, y cualquiera con un alto sentido de percepción puede ver el pensamiento. Esto da una idea de la realidad de cómo los pensamientos toman formas en el campo áurico y posteriormente viajan hacia abajo en efecto a los otros cuerpos de energía hasta que llegan a la vanguardia de su cuerpo físico. La capa mental es típicamente más robusta en las personas que ejercitan sus mentes más regularmente que los otros sentidos. Toma una apariencia brillante cuando usted se enfocas mentalmente en cualquier cosa.

Capa astral

El cuerpo astral se encuentra por encima de las tres capas mencionadas hasta ahora y se extiende alrededor de un pie hacia afuera. Esta capa está conectada al cuarto chakra, lo que significa que es el puente entre el yo físico y el yo espiritual. Es central para todas las otras capas, es decir, está situado en el centro. Similar al cuerpo emocional, la capa astral es el hogar de un espectro de luz que está en continuo movimiento. El tono de los colores en el cuerpo astral cambia dependiendo de su salud espiritual. Su cuerpo astral está estrechamente ligado al chakra del corazón y se correlaciona con sus expresiones de materias del corazón. Por lo tanto, afecta a sus lazos relacionales y conexiones con otras personas.

Capa plantilla etérica

La plantilla etérica se encuentra a un quinto de su cuerpo físico, extendiéndose unos dos pies hacia afuera. Es el plano energético de la matriz física de la que proceden su estructura y sus órganos. Esta capa está conectada al chakra de la garganta. Similar a la garganta, el cuerpo de la plantilla etérica canaliza todo en el plano físico hacia el ser. Antes de que su cuerpo físico se enferme, usted puede sentirlo en su cuerpo de la plantilla etérica. Esto también significa que puede curar enfermedades y dolencias en este plano áurico antes de que se manifiesten en su cuerpo físico. La plantilla etérica toma diferentes colores en diferentes personas. Cuando usted se libera de las limitaciones y su autoconciencia aumenta, las plantillas etéricas irradian brillantemente.

Capa celestial

La capa celestial es el sexto cuerpo sutil y está conectada al chakra del tercer ojo. Algunas personas también llaman al cuerpo celestial el cuerpo espiritual. El cuerpo celestial sirve como puente entre usted y su conexión con todas las cosas, incluyendo su verdadero ser al universo, el ser superior, lo divino, o el más allá. Aunque es una de las capas áuricas más poderosas, muchas personas no son conscientes de la existencia del cuerpo espiritual, y esto se debe a que no están en sintonía con la energía espiritual. También es el lugar donde sus imaginaciones, percepciones e intuiciones toman forma. Tiene muy poco que ver con la religión y todo lo que tiene que ver con su yo superior. Es el lugar donde el despertar y la iluminación comienzan.

Capa ketérica

La séptima y última capa está conectada al chakra de la corona, extendiéndose tres pies hacia afuera. La capa ketérica significa su conexión con el universo. Es donde usted se vuelve uno con el cosmos, el ser superior y lo divino. Es el estado de la conciencia superior, el lugar donde reside su conciencia superior. Su cuerpo espiritual es una representación de la unión entre su alma, experiencias, karma y destino. Contiene todo lo que su alma ha experimentado y experimentará en su vida pasada y presente.

La capa ketérica mantiene el campo áurico y cada chakra juntos. Es la interfaz entre usted y todo lo demás. Esta capa es dorada. Desbloquear la capa ketérica abre el camino a un entendimiento de otro mundo del universo y lo que usted representa dentro de él. Desbloquear con éxito la capa ketérica le da la posibilidad de acceder a sus registros akáshicos y ver los detalles de su vida pasada y de la de los demás.

Aunque estas siete capas de energía son cuerpos distintos, pueden interconectarse entre sí basándose en sus experiencias diarias.

Ahora, mucha gente generalmente cree que el cuerpo físico también es parte del campo áurico, pero no lo es. El campo áurico rodea su cuerpo. Las siete capas del campo energético son "cuerpos sutiles". El cuerpo físico es un producto del campo morfogenético. Según la biología, es una familia de células que forman la estructura y los órganos concretos del cuerpo, como el cerebro, la piel, el músculo, los huesos, la sangre, etc. Su cuerpo físico es su sistema esquelético, ligamentos, venas, y todo lo que compone lo que llama su "ser físico". Debido a su tangibilidad, usted puede saber cuándo el cuerpo físico está herido o no, sano o no, lleno o no. Generalmente le da signos reconocibles y físicos. El cuerpo físico es una representación de su experiencia física en el mundo, la fisiología y la capacidad de herir y curar. Cuando este cuerpo está en equilibrio, usted se siente saludable, complaciente y flexible. Cuando sus elementos vitamínicos y minerales están en equilibrio, el cuerpo físico está libre de toxicidad, acidez y dolor. Las siete capas del campo de energía existen para proteger y escudar el cuerpo físico.

De todos los siete cuerpos áuricos, el que más se discutirá en este libro es el cuerpo astral. Sin el cuerpo astral, serían imposibles la proyección astral, los viajes astrales y las experiencias fuera del cuerpo. Así que, averigüe qué distingue a estos tres términos.

Capítulo dos: ¿Proyección astral, viaje astral, o EFC?

La proyección astral puede ser un concepto relativamente nuevo en los medios modernos, pero ha existido durante años. Una vez, fue un conocimiento que solo unos pocos iluminados poseían. Ahora, la proyección astral está en los principales medios de comunicación, y mucha de la información que rodea al concepto está siendo distorsionada. La proyección astral, los viajes astrales y las experiencias fuera del cuerpo (EFC) se están utilizando indistintamente. Esto lleva a la desinformación para las personas que piensan que les gustaría viajar por el plano astral. El cuerpo astral y otros cuerpos sutiles han sido registrados desde hace mucho tiempo en los registros e informes históricos. Sobre esa base, se han desarrollado muchas prácticas de curación esotérica en consonancia con el conocimiento del campo de la energía humana, especialmente en Oriente. Hasta el día de hoy, las prácticas de curación esotérica siguen siendo ampliamente reconocidas y aceptadas. También se están volviendo más populares en los medios de comunicación principales.

Para entender lo que implica la proyección astral o viaje astral, primero hay que tener una idea de lo que implica la EFC. Una experiencia fuera del cuerpo es un estado en el que usted puede sentir que su conciencia se escapa de su cuerpo. En la ciencia, también se le llama un episodio disociativo porque su conciencia se está disociando de su cuerpo físico. Se cree que las EFC las experimentan las personas que han estado en situaciones cercanas a la muerte. Típicamente, usted puede sentir su sentido del yo en su cuerpo físico. Esto le permite percibir el mundo y todo lo que contiene desde un punto de vista ventajoso. Pero durante las EFC, usted siente que está viendo el mundo y a sí mismo desde una perspectiva diferente. A menos que haya experimentado directamente una EFC, es difícil dar una descripción precisa y detallada de lo que se siente. Sin embargo, una EFC generalmente implica una sensación de estar flotando fuera de su cuerpo. Además, se siente como si estuviera mirando hacia abajo al mundo y a su cuerpo desde una altura. Durante una EFC, todo se siente muy real, como si tuviera la experiencia en la realidad. Las EFC generalmente ocurren sin intención y sin aviso. Además, no duran tanto tiempo.

Mucha gente se refiere a la proyección astral y a la EFC como la misma cosa; sin embargo, son diferentes. La proyección astral es una EFC intencional. Involucra todo lo que sucede en una experiencia fuera del cuerpo. Sin embargo, la diferencia fundamental es que usted tiene que hacer un esfuerzo deliberado para salir de su cuerpo. Además, una proyección astral implica hacer un esfuerzo para enviar su conciencia hacia el plano espiritual.

Por otro lado, las EFC no son planificadas, y ocurren cuando menos se lo espera. El viaje astral es casi lo mismo que la proyección astral y la EFC, pero es una experiencia más profunda. Cuando usted viaja en astral, logra enviar su conciencia a la dimensión espiritual. Usted llega a permanecer en la dimensión y sintonizar con su conciencia superior durante un tiempo específico antes de finalmente dejar su cuerpo. Se puede decir que la EFC es el término científico, mientras que la proyección astral o el viaje astral son espirituales. Pero todos ellos se refieren a la misma práctica o experiencia, con solo ligeras diferencias.

Existen otras diferencias entre las proyecciones astrales, los viajes astrales y las EFC. En el campo científico, los expertos reconocen que las EFC de hecho suceden. Hay varios estudios dedicados a la comprensión de las EFC. Se dice que las EFC no intencionales ocurren por varias razones posibles.

Uno de los posibles desencadenantes de las EFC, según los expertos médicos, es el trauma o el estrés. Una situación peligrosa, amenazadora o atemorizante puede desencadenar una respuesta de miedo, que luego lo impulsa a disociarse de la situación y a vivirla como si fuera un espectador. En esencia, cuando se disocia de una experiencia traumática, puede observar el evento desde algún lugar fuera del plano físico. Muchas mujeres experimentan EFC durante el parto debido a la dificultad. Otra posible causa de las EFC no intencionales son las condiciones médicas. Otras incluyen medicación, shock, trance meditativo, etc. Sin embargo, ninguna de estas causas exactas se aplica a la proyección o viaje astral. Las proyecciones astrales son intencionales. No ocurren debido a estrés, trauma o cualquiera de las razones mencionadas anteriormente. Durante una proyección o viaje astral, usted puede mantener una clara conciencia de sí mismo. Sus sentidos se intensifican y se refinan, dándole la oportunidad de cuestionar sus acciones y decisiones fuera de su cuerpo. Los viajes astrales no son inesperados, y no le toman por sorpresa.

Con la ayuda de la proyección astral, usted puede desbloquear el conocimiento y el poder necesarios para descubrir la respuesta a la pregunta siempre presente sobre la vida en el plano físico. Una vez que usted se da cuenta de que hay otras dimensiones humanas — lugares de existencia a los que transitas después de la muerte— la vida comienza a tomar un significado más profundo. Al aprender a viajar por el plano astral, usted puede aprender cosas que no sabía sobre su verdadero ser y desaprender las cosas que antes consideraba la verdad. Esto abre sus ojos al hecho de que su cuerpo físico no es nada más que una parte de su yo completo. Usted se da cuenta de que hay más en su existencia de lo que el ojo ordinario puede ver. Viajar por el plano astral es la clave para desbloquear una mayor conciencia de sí mismo. En la conciencia limitada, usted no ve ni entiende realmente lo que compone su existencia. Usted cree que el cuerpo físico es todo lo que hay en la realidad. El viaje astral puede ayudar a corregir esta creencia errónea.

Como humano, usted nace con un cuerpo físico que le permite existir en el plano físico. Sin la forma física, sería imposible que su alma existiera en la Tierra por sí misma. La proyección astral le permite desprenderse de este cuerpo físico y proyectarse al plano de existencia vecino, el plano astral. Cuando usted hace esto, su alma deja su cuerpo físico y entra en el cuerpo astral. El cuerpo astral ya es una parte de usted, al igual que su cuerpo físico. La diferencia es que usted no puede tomar posesión de él intencionadamente a menos que aprenda a entrar en el campo áurico.

El cuerpo astral tiene cualidades distintivas que lo diferencian de su forma física. El cuerpo físico está restringido por la gravedad, pero el cuerpo astral no. A través del esfuerzo mental, su cuerpo astral puede superar fácilmente la restricción de la gravedad. Mientras usted está en su cuerpo astral, usted puede caminar como lo hace en el físico, elevarse sobre el suelo, o incluso viajar al espacio. A diferencia del cuerpo físico, el cuerpo astral no se lastima ni se lesiona. En la Tierra, uno de los miedos más fuertes que los humanos experimentan es el miedo al dolor y a las lesiones. Fuera del cuerpo, sin embargo, se puede desaprender la respuesta humana normal a las emociones aparentemente negativas como el miedo o las experiencias que desencadenan estas emociones. Esto se debe a que nada puede dañar o perjudicar a su cuerpo astral. Usted no puedes ser herido por armas, cuchillos, enfermedades o coches de carreras; por lo tanto, usted no responde a ellos con miedo.

La proyección astral es una forma de telepatía. Se podría decir que es la telepatía en su forma más simple. Cuando usted está fuera de su cuerpo, puede comunicarse con los pensamientos. La comunicación verbal no es obligatoria. No necesita mover los labios para que la gente escuche lo que usted tiene que decir. Sin embargo, puede comunicarse verbalmente si lo desea. A veces, en el plano físico, usted puede oír algo que parece un pensamiento pero, en realidad, es otra persona que se comunica con usted desde el plano astral.

Hay cuatro maneras en las que su conciencia puede dejar su cuerpo físico para entrar en el cuerpo astral.

- **Accidentalmente/inconscientemente**: Usted puede viajar en astral mientras está dormido, sin quererlo. Ni siquiera sabrá que está fuera de su cuerpo físico. Mucha gente experimenta esta forma de proyección astral, pero no lo saben. Como resultado, puede que no crean que la proyección astral sea una experiencia real. Cuando usted tiene sueños de volar, es generalmente porque su cuerpo astral está flotando y mirando hacia abajo al físico.

- **Accidentalmente/conscientemente**: Esto sucede cuando su conciencia deja su cuerpo, y usted despierta en la forma astral. Sin conocimiento previo del plano astral o de la proyección astral, puede reaccionar con pánico, creyéndose muerto. Esto es lo que sucede con muchas personas que han estado en situaciones cercanas a la muerte y han experimentado una EFC.

Si esto sucede por primera vez, su reacción inmediata será luchar contra su cuerpo. Pero como verá, cuanto más lo intente, más difícil le resultará llegar a su cuerpo físico. La clave es no preocuparse o entrar en pánico. Mantenga la calma, y volverá a su cuerpo.

La razón por la que encontrará un desafío para volver a su cuerpo físico cuando luches es:

La lucha mantiene la frecuencia vibratoria del cuerpo astral fuera de sincronía con el físico. Por lo tanto, su conciencia no puede transitar fácilmente de uno a otro.

- **Intencionalmente/inconscientemente:** Usted trata de proyectarse fuera de su forma física y tiene éxito. Sin embargo, no tiene ni idea de lo que ha logrado. Por lo tanto, no hace nada hasta retornar a su forma física inconscientemente.

- **Intencionalmente/conscientemente:** Esto es la proyección astral practicada, que usted tiene que aprender a lograr. Es cuando deliberadamente deja su cuerpo físico por su cuerpo astral. En su forma astral, usted puede hacer todas las cosas que hace su cuerpo físico.

Hoy en día, muchas personas se han familiarizado y aceptan que viven dentro de un universo compuesto de energía y materia. Más aún, se han sentido cómodos con el conocimiento de que son seres de energía. Esencialmente, la diferencia significativa entre el viaje astral inconsciente y el practicado es que las proyecciones astrales conscientes le permiten controlar su cuerpo astral y dónde lo visita en este estado. Pero usted no tiene control sobre lo que sucede cuando viaja en astral mientras duerme. Cuando sueña, es una forma de proyección astral, una inconsciente, tanto que su alma abandona su cuerpo cuando duerme.

Hay un interruptor físico que puede ser activado a voluntad para desencadenar un estado de viaje astral. Este interruptor se activa cuando se realiza un viaje astral intencional y consciente o una experiencia fuera del cuerpo. Se encuentra en lo profundo del cerebro y se conoce como la glándula pineal. Cuando la glándula pineal se activa, libera dimetiltriptamina (DMT). Esta DMT es la sustancia química que alerta e impulsa a su alma fuera de su cuerpo. También desencadena experiencias cercanas a la muerte e inicia el paso del alma en el momento de la muerte.

Siendo realistas, solo un puñado de personas pueden controlar lo que su alma hace cuando está fuera del cuerpo mientras están dormidos. La proyección astral le da el control, por lo que se le llama "sueño consciente".

Hay numerosos beneficios de aprender y practicar la proyección astral en un estado de conciencia. Estos beneficios van más allá del ámbito físico o mental. Para ayudarle a asimilar cómo el viaje astral puede impactar en su vida, hay un capítulo dedicado a los beneficios de la proyección astral, el viaje astral y las experiencias fuera del cuerpo.

Capítulo tres: Proyección astral y sueños

La gente viaja en sus sueños, a veces lúcidamente y a veces sin darse cuenta. Como resultado, mucha gente cree que la proyección astral y el sueño lúcido son lo mismo. Mucha gente afirma que visita el plano astral cada vez que duerme y sueña. ¿Pero lo hacen? No, no lo hacen.

La proyección astral no es una fabricación de la mente, a diferencia de los sueños. Los sueños son fabricaciones mentales que su mente subconsciente crea cuando está dormido. Usted solo puede soñar cuando duerme, pero no tiene que dormir para practicar la proyección astral. Cuando se duerme, usted vive esta realidad para entrar en su mente subconsciente. Sin embargo, durante la proyección astral, deja esta realidad por otro reino de la existencia que es igual de real, un campo donde su cuerpo físico no puede ir, pero que su alma puede visitar a voluntad. En un sueño, se encuentra con personajes que no son ni reales ni conscientes; su mente subconsciente crea estos personajes. Normalmente son personas que usted conoce y con las que está familiarizado. En la proyección o viaje astral, se encuentra con seres reales, conscientes y reales. Los seres que encuentra en el plano astral son o bien personas que viven allí o bien personas que están de visita, como usted. Las probabilidades de encontrar a gente que ya conoce son bajas.

Sueño lúcido

Soñar lúcidamente, en los términos más simples, es soñar mientras se está en un estado de conciencia. Cuando usted sueña, y es consciente de estar soñando, eso es un sueño lúcido. Cuando usted está lúcido (consciente) en su sueño, puede controlar los personajes de su sueño, pero esto típicamente requiere algo de práctica. En un estado de sueño lúcido, puede pasar el rato con su celebridad favorita, ir de excursión, y quizás incluso cambiar a la forma de su mascota. Todo esto determina hasta dónde está dispuesto a dejar correr su imaginación. Por el contrario, no puede controlar a los seres que conoce en el reino astral. Como usted, son sus propios seres y tienen libre albedrío.

Debido a las similitudes, el sueño lúcido se confunde a menudo con la proyección astral. Sin embargo, los separan algunas diferencias. Para ver cuán distintas son las dos experiencias, a continuación se presenta una breve comparación.

En el sueño lúcido:

• Usted está dormido

• Usted es consciente de que la experiencia es un sueño

• Su ubicación puede estar donde quiera

• Su conciencia no abandona su cuerpo

• Usted puede controlar los personajes y el entorno en la experiencia

• Cuando termina de soñar, simplemente tiene que despertar

En la proyección astral

- Usted está despierto y se proyecta
- La experiencia es real
- Su experiencia comienza dondequiera que esté su cuerpo físico
- Su conciencia abandona su cuerpo, y el cuerpo físico se vuelve vacío
- No puede controlar las acciones de los espíritus que encuentra en el plano astral, pero puedes ser capaz de manipular el entorno un poco
- Su conciencia regresa a su cuerpo solo después de que su experiencia haya terminado

Una cosa que se entiende muy mal es que el sueño lúcido y la proyección astral son dos prácticas individuales. No es necesario aprender el sueño lúcido para practicar la proyección astral. Una vez que aprenda y perfeccione sus habilidades de proyección astral, podrá fácilmente acostarse en su sofá y proyectar su conciencia fuera de su cuerpo físico para visitar el plano astral. Es un desafío aprender, pero no es imposible. Puede aprender a transmitir su conciencia desde su forma física hasta el punto de que podría salir mientras ve una película en el cine o cena con amigos en su lugar favorito. Sin embargo, no es descabellado decir que perfeccionar sus habilidades de sueño lúcido puede ayudarle a dominar la proyección astral hasta ese punto.

Viaje astral durante el sueño

Cuando usted duerme, el alma se hace cargo de su cuerpo, con la capacidad de hacer lo que quiera e ir a otras dimensiones. Algunas personas experimentan esto como una ocurrencia nocturna sin darse cuenta. Si esto le sucede, se despierta al día siguiente sin saber que su alma deambula y viaja. Casos como este son *viajes astrales inconscientes*. Normalmente, cuando se levantas de un sueño en el que su alma ha viajado astralmente a otras dimensiones, puedes tener un recuerdo nebuloso de la experiencia. Incluso puede pensar que fue solo un sueño "raro", ya que los sueños pueden ser raros. Otras veces, probablemente ni siquiera recuerde nada sobre su alma vagando toda la noche. Y hay veces que se despierta con un recuerdo vívido de un sueño que implicaba pasar el rato con otros y vivir la vida. En casos así, probablemente se pregunte si eso cuenta como un sueño o un viaje astral. También puede que usted se pregunte cómo empezar a reconocer cuando su alma viaja astralmente mientras duerme. Mientras su conciencia deje su cuerpo físico, es un viaje astral. Ser consciente de su estado de sueño no cuenta como proyección astral si su alma no abandona su cuerpo físico.

¿Cómo reconoce cuando ha viajado en astral en su sueño?

En primer lugar, puede recordar el sueño vívidamente y sentir que fue real. Si recuerda haber conocido a personas que no conoce en la vida real y haberles hablado, es probable que su alma haya viajado al reino astral mientras dormía. También puede recordar haber ido a lugares desconocidos. Otro indicador de la proyección astral en los sueños es cuando se despierta sintiéndose agotado como si hubieras pasado la noche haciendo recados. A veces, el cuerpo se siente enormemente inquieto una vez que el alma errante vuelve a él después de una noche de aventuras. No importa si ha dormido bien o no; simplemente se siente inusualmente cansado. Si recuerda haber tenido un sueño en el que la gente no parecía gente real, puede ser un indicador de que viajó en astral. A veces, las personas aparecen distorsionadas y sin forma en sus viajes inconscientes. Pueden aparecer rodeadas de una luz cegadora y de colores variados sin asumir una forma humana.

A menos que usted haya aprendido las técnicas y comenzado a practicar, no puede viajar astralmente conscientemente mientras duerme. Si sueña con la proyección astral, sigue siendo un sueño; no significa que realmente esté viviendo la experiencia. Pero una vez que haya aprendido a ser consciente y a viajar astralmente en su sueño, sabrá cuando su alma abandona su cuerpo. Lo sabrá porque será alertado del sueño. Descubrirá que su cuerpo físico no puede moverse, y sentirá que el alma se escapa de su cuerpo. Puede que incluso sienta un poderoso hormigueo y escuche algún sonido. Las experiencias varían de una persona a otra, pero el resultado es siempre el mismo. Una vez que esté en su forma astral, puede viajar por el plano material o ir más allá de él al propio reino astral. En la proyección astral, usted puede tener experiencias reales con su conciencia y recordarlas vívidamente porque son reales.

Cómo diferenciar entre el viaje de los sueños y el viaje astral.

Sin duda, usted puede viajar a diferentes lugares en sus sueños sin salir de su cuerpo. Digamos que ya ha estado en Hollywood antes en vacaciones. Fue a Hollywood, visitó todos los lugares famosos, e incluso consiguió los autógrafos de algunos de sus actores favoritos. En su sueño, puede subirse a un avión e ir a Hollywood una vez más. Esto se debe a que ha estado en este lugar antes, y es fácil para su mente subconsciente reconstruirlo a partir de su caja de memoria. Incluso si nunca ha estado allí antes, su mente puede recrear la memoria de las películas que ve y los libros que ha leído. En casos como este, no está viajando astralmente. En cambio, su mente vuelve a visitar un lugar familiar que ha visto o ha estado antes en su estado de vigilia.

- En los viajes de los sueño, las experiencias no se sienten tan vívidas. En cambio, se sienten mundanas y vagas.

- Solo va a lugares que ha visto antes o a lugares de los que tiene recuerdos, tangibles o intangibles, como su instituto, los lugares habituales de vacaciones o la universidad.

- Ve a gente de su pasado o presente, gente que conoce. Por ejemplo, puede ver a su joven vecino de hace diez años precisamente como eran cuando los conoció.

- Los sueños adquieren un significado simbólico que puede analizar e interpretar una vez que despierta.

• Se dedica a las tareas más aleatorias y mundanas en los viajes de los sueños, como lavar los platos o leer un libro.

• Se transporta al lugar del viaje de sus sueños a través de un medio de transporte estándar, como el coche o el tren público.

• Se comunica verbalmente con los personajes de su sueño como lo hace en el mundo físicamente consciente.

¿Pueden los sueños ser señales del plano astral?

Algunos expertos en espiritualidad creen que los sueños son a veces mensajes del plano astral. Cuando usted está dormido, es una oportunidad para que los seres conscientes del plano astral le adviertan sobre acciones o decisiones específicas enviando mensajes codificados a través de sus sueños. Como la mayoría de los humanos, probablemente olvide sus sueños, pero ayuda tomar notas cuando se despierte y recordar cualquier código o símbolo en su sueño. Luego, trate de analizar estos símbolos. Por lo general, los sueños se pintan demasiado por la mente subconsciente y sus extravagantes ilusiones, y es vital diseccionar el verdadero significado de sus sueños. En el plano astral es donde se puede obtener información y vislumbrar cosas que aún no se han manifestado en el reino físico. Por lo tanto, la proyección astral puede ayudarle a obtener nuevas perspectivas sobre sus acciones y las decisiones que toma.

Cómo viajar por el plano astral con habilidades de sueño lúcido.

Dominar el sueño lúcido tiene un efecto secundario positivo. Le enseña a despertar su mente mientras su cuerpo permanece dormido. Para proyectarse conscientemente en el astral, esta es una habilidad necesaria. Para separar su alma de su cuerpo físico, tiene que aprender a transitar su conciencia desde su cuerpo hasta su vehículo astral. Es como poner su alma en un cuerpo fantasmagórico, pero no es tan simple. Así que, una vez que domine cómo mantener su cuerpo dormido mientras su mente permanece despierta y consciente, estará a medio camino de aprender la proyección astral consciente. Por lo tanto, es muy recomendable que primero aprenda a practicar el sueño lúcido antes de comenzar las prácticas de proyección astral.

Capítulo cuatro: Los beneficios de la proyección astral

Ya sea que quiera llamarlo proyección astral, viaje astral, o una experiencia fuera del cuerpo, dejar el terreno físico para observar el mundo desde un punto de vista de otro mundo puede tener un montón de beneficios para su bienestar físico, mental y espiritual. Muchas personas que experimentan EFC han informado que la experiencia es tanto emocionante como esclarecedora. Los beneficios reportados de los viajes astrales y las EFC van mucho más allá de las restricciones de sus sentidos físicos e intelecto. Después de una experiencia fuera del cuerpo, usted pasa por un despertar de su ser interior, el que está conectado con su identidad espiritual. Toma consciencia de que usted ere más que solo materia y tiene más conciencia de la realidad tal como está ocurriendo. Muchas personas han reportado haber obtenido una sabiduría más profunda en sus tratos y experiencias personales, y un sentido de conexión con su núcleo espiritual. Esto es lo que la práctica de la EFC puede hacer por usted:

1. Mayor conciencia de la realidad

La proyección astral expande su conciencia de la realidad. Si usted nunca ha dejado el plano material, es fácil creer que es todo lo que hay en el universo. Además, esto es lo que mucha gente que nunca ha tenido una experiencia fuera del cuerpo cree. Sin embargo, su percepción de la realidad mejora significativamente después de haberla experimentado una vez. Esto se debe a que se encuentra con otros seres en el plano astral, algunos de los cuales tienen una comprensión más profunda de la vida y el universo que usted. Mientras no se imponga a ellos, los seres que conozca estarán siempre listos para compartir su conocimiento con usted.

2. Verificación de la inmortalidad

Las experiencias fuera del cuerpo son la verificación de su inmortalidad. Por supuesto, usted ya sabe que la gente muere. Pero no sabe lo que se siente. La muerte es algo que millones de personas experimentan anualmente. Implica que el alma abandone el cuerpo para siempre, para no volver nunca. Las EFC proporcionan la misma experiencia que la muerte porque su conciencia se escapa de su cuerpo por completo. La diferencia es que su alma puede regresar a su cuerpo después de que termine en el plano astral. La proyección astral consciente es la clave para obtener una experiencia de primera mano de la capacidad del alma de existir separada del cuerpo físico.

3. Pérdida del miedo a la muerte

Ya sea que lo admitan o no, la mayoría de la gente le teme a la muerte. Sin embargo, el miedo a la muerte no parece tan precario como suele ser cuando se empieza a viajar por el plano astral. Esto es usualmente una realización que cambia la vida de las personas que experimentan la EFC por primera vez. El miedo a la muerte proviene del miedo a lo desconocido. ¿Adónde vamos cuando morimos? ¿Qué le sucede a nuestra alma? Estas son preguntas cuyas respuestas se encuentran cuando se tiene una experiencia fuera del cuerpo. Cuando usted visita el plano astral, está en un estado psicosomático, lo que significa que existe fuera de su yo físico. El yo astral, a diferencia de su yo físico, no está cautivo de limitaciones y miedos. Practicar la proyección astral o simplemente tener una experiencia fuera del cuerpo le enseña que hay poco que temer de la muerte ya que hay otras existencias más allá de la física. Cuanto más practique las EFC y la proyección astral, más disminuye su miedo a la muerte.

4. Mayor respeto por la mortalidad

Las personas que nunca han tenido una experiencia fuera del cuerpo tienden a pensar que descubrir la realidad sobre la muerte les impactaría negativamente, pero sucede todo lo contrario. En lugar de reducir su apreciación del mundo y la vida tal como la conoce, la proyección astral aumenta la admiración y el aprecio por todo lo que le rodea. El plano astral y el plano físico son dos existencias que se interrelacionan. Sin embargo, ambos son diferentes en formas distintivas. El plano físico tiene ciertas cosas que lo hacen especial y único. La proyección astral le enseña a tomar la vida como una aventura una vez que usted se da cuenta de que no tendrá su forma física para siempre.

5. Autodesarrollo acelerado

La experiencia de primera mano y el reconocimiento de que usted es más que un simple ser físico abre capas de su conciencia que de otra manera permanecen cerradas. Esto le introduce a nuevos niveles de desarrollo personal. Si hay algo que puede acelerar su desarrollo personal, es la proyección astral. Con una mayor conciencia de la realidad y una visión más amplia de los siete planos, usted empieza a ver el mundo desde una nueva perspectiva. Más importante aún, usted empieza a aplicar la nueva perspectiva a sus pensamientos, acciones, decisiones y experiencias de vida. La apertura y el despertar de su mente se desbordan en su realidad física y le prepara para más de las muchas aventuras de la vida. Una vez que desbloquea el vasto conocimiento asentado profundamente en su mente subconsciente, aumenta su habilidad para explorar el universo en todos los niveles.

6. Habilidades psíquicas mejoradas

Las experiencias fuera del cuerpo mejoran enormemente las habilidades telepáticas, precognitivas, proféticas y psíquicas. Cada individuo posee estas habilidades hasta cierto punto. Pero se mejoran mucho cuando se tiene una conexión despierta con el yo superior. El aumento de las capacidades psíquicas viene con el hecho de estar en sintonía con su campo de energía. A medida que usted desbloquea su campo áurico y se alinea con sus capas de energía, sus habilidades psíquicas se desarrollan. Algunas personas han reportado ser capaces de realizar una *visualización remota* después de que empiezan a practicar la proyección astral. Otros han reportado haber encontrado a sus seres queridos fallecidos en el plano astral. Sean cuales sean sus habilidades psíquicas, asegúrese de que se eleven una vez que empiece a practicar la proyección astral.

7. Una mayor necesidad de respuestas

Después de una experiencia fuera del cuerpo, muchas personas desarrollan un deseo de navegar por el mundo espiritual en una búsqueda personal para resolver ciertas cosas que siempre han considerado como misterios. Se dan cuenta de que los secretos solo permanecen como misterios cuando no se buscan las respuestas a las preguntas planteadas. Las soluciones están disponibles para aquellos que están dispuestos a buscarlas.

8. Evolución acelerada

A lo largo de los años, los humanos han ido evolucionando. Sin embargo, esta evolución no es el resultado de cambios biológicos, es la evolución de la conciencia. A medida que el mundo físico se vuelve continuamente más complejo, los humanos desarrollan una necesidad innata de descubrir la razón de los rápidos cambios que ocurren a nuestro alrededor. Por lo tanto, la necesidad de la gente de tener respuestas los lleva a todos los niveles progresivos de la evolución humana. Eventualmente, evolucionarán hasta el punto en que finalmente estén listos para aceptar los reinos y dimensiones no físicas, y explorarlos.

9. Habilidad para sanar el cuerpo y el alma

Dormir es una forma de que su cuerpo se recargue, se restaure y se cure. La falta de sueño puede tener muchos efectos destructivos en su salud mental y física. De hecho, no dormir durante mucho tiempo puede resultar en la muerte debido a que el cuerpo no puede recargarse o restaurar sus capacidades de curación. Como usted deja su forma física cuando está en un estado astral, es similar a dormir. Como resultado, la práctica de la proyección astral proporciona una excelente oportunidad para que su cuerpo se cure más rápido y mejor. Además, el hecho de que su campo de energía esté en un estado de alerta elevado durante las proyecciones astrales permite que la curación tome solo unos minutos en el estado astral. Mientras usted duerme, la curación puede durar varias horas. Más aún, algunos practicantes de EFC han reportado ser capaces de curarse a sí mismos y a otras personas en su estado astral. A menudo implica enfocar su pensamiento en cualquier parte particular de su cuerpo donde necesite curación.

10. Aumento del equilibrio energético

Cuando usted medita, su estado de conciencia aumenta dramáticamente, resultando en una mayor atención. De la misma manera, la práctica de la EFC refuerza la conexión que usted tiene con su campo áurico. Es igual que la forma en que usa el ejercicio para mejorar la fuerza de su cuerpo físico. La práctica regular de la proyección astral pone su sistema de energía en un estado de equilibrio, lo que significa que todas sus capas de energía están sincronizadas. Cuanto más practique, mejor será su equilibrio energético. Pronto, el entrenamiento le llevará al punto en el que sus sistemas de energía estén totalmente calibrados dentro de su campo áurico.

11. Visiones en el pasado

La teoría de que el universo es paralelo, por lo que la vida de la gente es paralela, es bastante popular. En resumen, la vida no es una realidad o existencia lineal. Muchas personas que han tenido una EFC a menudo informan ser capaces de visitar sus experiencias pasadas y recordar recuerdos de esta vida porque hay un punto de energía residual donde todas las vidas se cruzan. Cuando usted visita el plano astral, puede entrar en contacto con este punto de energía y ver eventos de sus vidas pasadas jugar a través de sus ojos —como ver una película en la que usted es el protagonista. Solo que usted es el único que puede verla.

12. Incremento de la espiritualidad

La proyección astral profundiza su conexión con lo espiritual. Una vez que se da cuenta de que existen otras cosas más allá del plano material, es difícil desviarse del vínculo entre usted y su esencia espiritual. Las EFC proporcionan una comprensión más profunda de la espiritualidad y la naturaleza de los espíritus. La EFC es una experiencia espiritual porque involucra a su alma/espíritu. Obtiene una sensación de conexión con algo que parece ser mucho más elevado que usted. Algunos lo llaman el universo, mientras que otros lo llaman el ser superior dentro de cada uno. Sea cual sea el nombre que elija, debe saber que despertará una conexión más fiable y robusta con una existencia real y significativa.

13. Encuentros con sus Guías Espirituales

Hay seres no físicos que residen en el plano astral. La proyección astral es una forma de conocer a estas entidades y seres, incluyendo ángeles y espíritus. Pueden proporcionar respuestas a su deseo innato y resolver los misterios que le preocupan. De lo contrario, su papel en el plano astral puede ser simplemente el de servirle de guía, dirigiéndole por el camino correcto. Independientemente de ello, cualquier entidad que encuentre en el plano astral no puede herirle o dañarle mientras tenga el control de su forma astral y su campo de energía. Así que no se preocupe demasiado por mantenerse a salvo en el plano astral.

14. Un sentido más profundo del conocimiento

No hay nada más poderoso que el conocimiento personal. Conocer algo es mucho más potente que creer. Comparado con las creencias, el conocimiento personal puede inspirar profundamente cambios en su vida. Una cosa es creer que los guías espirituales existen, y otra cosa es saber que existen. Hay una sensación de calma y confianza que viene con el conocimiento de algo en lugar de creerlo. Las EFC le dan un conocimiento verificable sobre la espiritualidad y la inmortalidad. Como resultado, la profunda sensación de saber que despierta se experimenta mejor que se explica.

15. Respuestas personales

Esta es una de las razones por las que mucha gente quiere aprender a tener una EFC. Usted, como esas personas, quiere respuestas a sus preguntas sobre la existencia. Todos los humanos tienen preguntas sobre su existencia: *¿Qué somos? ¿Cuál es nuestro propósito para existir? ¿Qué significado tiene la vida? ¿Continuará la vida existiendo tal como es?* Todas estas son preguntas que solo pueden ser respondidas a través de una experiencia personal fuera del cuerpo. La EFC es una poderosa forma de obtener respuestas a todas las preguntas que tiene sobre la vida y la existencia. No hay razón para que usted se conforme con creencias cuando puede obtener respuestas a las preguntas que tiene.

16. Libertad psicológica

Si ha estado luchando para romper con ciertos hábitos y rutinas mentales, las experiencias fuera del cuerpo pueden ayudarle a lograrlo. Solo el impacto de ser independiente de su cuerpo físico mientras se mantiene el control y la conciencia es suficiente para proporcionarle una visión más iluminada de su existencia actual. La expansión de su visión de la existencia puede ser instrumental para despertar niveles más profundos de comprensión y desarrollo personal.

Hay muchos más beneficios de la proyección astral. Aun así, estos se pueden experimentar directamente cuando explora el mundo de forma independiente fuera de su forma física. Oh, y si hay algún beneficio de la proyección astral que la mayoría de la gente prefiere, es el hecho de que usted puede proyectarse astralmente a la luna si así lo desea. Increíble, ¿verdad? Bueno, usted aprenderá todo acerca de cómo hacer eso a medida que avance en el libro.

Capítulo cinco: 8 cosas que debe saber antes de intentar una EFC

En caso de pensar que la proyección astral es algo con lo que usted podría jugar solo por diversión, piénselo de nuevo. Mucha gente asocia ciertos miedos con el concepto de viajar y explorar el plano astral, un lugar relativamente desconocido. Si usted también tiene estos miedos, entienda que sus miedos son válidos. Por eso debe saber qué esperar cuando visite el plano astral. Este capítulo tiene como objetivo ayudarle a entender el peligro potencial que puede enfrentar en el plano astral. Aunque a la gente le gusta connotar el miedo como una emoción negativa, existe una razón para protegerlos. Por lo tanto, no hay nada malo en tener temores específicos como principiante que viaja al plano astral por primera vez.

En primer lugar, debe entender que hay personas que han perfeccionado el arte de la proyección astral y el viaje astral. Estas personas pueden literalmente viajar astralmente mientras están acostados en su sofá o usando el baño. Han dominado la habilidad hasta el punto de que no tienen que tener miedo de ver los planos astrales. Sin embargo, usted aún no está en ese nivel, aunque podría estarlo con la práctica regular. El punto es que no debe pensar que es completamente inmune e irse sin estar preparado. Cualquier cosa puede suceder en el plano astral; de ahí la necesidad de saber qué esperar. A continuación hay diez cosas que usted necesita saber acerca de la proyección astral y el plano astral antes de intentar una experiencia fuera del cuerpo.

1. La proyección astral puede ser peligrosa

Si se pregunta si la proyección astral puede ser peligrosa, la respuesta es sí. Tenga en cuenta que la palabra clave es "puede", lo que significa que tiene el potencial de ser peligroso. Varios seres y entidades visitan el plano astral. No todos ellos están allí para guiarle o ayudarle; algunos le drenarán de su energía áurica y le causarán daño. Aunque esto no suele ocurrir, no se puede descartar la posibilidad. Pero si sabe cómo protegerse con su vibración, no le pasará nada. No puede alejar totalmente el miedo cuando visite el plano astral por primera vez, pero puede mantenerlo a raya para no eclipsar el tono brillante de sus colores áuricos. Cualquiera con grandes habilidades de autodefensa psíquica y la capacidad de mantener sus emociones a raya puede navegar con seguridad por el plano astral. La proyección astral es similar a viajar a otro país en un avión. Es normal sentir una sensación de miedo cuando se vuela en un avión por primera vez, pero usted puede mantener el miedo bajo control. Entienda que no pasará nada mientras siga los procedimientos de seguridad de los viajes aéreos. Es lo mismo con la proyección astral y los viajes astrales. Prepárese de la manera correcta, y tendrá fácilmente una experiencia astral segura, incluso como principiante.

2. El viaje astral es real

Algunas personas se interesan por los viajes astrales con una mentalidad de "comprobación de hechos". Solo quieren saber si el viaje astral es real o no. Las personas que intentan una experiencia fuera del cuerpo para comprobar si es real, por lo general no se preparan para el viaje de la manera correcta. Hacer algo así es como ponerse en peligro. No se moleste en intentar la EFC si solo está aburrido. Los principales medios de comunicación han considerado la proyección astral y el viaje astral como un engaño. Descartan ambos diciendo que el cuerpo astral no existe, o incluso si existe, no puede salir del reino físico. Aparentemente, esto desafía las leyes de la física. Los investigadores científicos creen que las experiencias astrales son producto de las alucinaciones de la mente, los sueños y los productos de algún recuerdo asentado en lo profundo de la mente subconsciente.

Sin embargo, muchas pruebas controladas han demostrado que la EFC es real y que el viaje astral es, de hecho, real. Las personas que han tenido experiencias fuera del cuerpo con éxito han explicado cómo se sentía y cómo se veía. Muchas personas no pueden alucinar las mismas cosas y tener experiencias tan similares en el reino astral. Así que, sí, el viaje astral es real, y funciona.

3. Cualquiera puede aprender el viaje astral

Por alguna razón, muchas personas creen que necesitan tener un cierto nivel espiritual antes de poder tener una EFC. Esto es incorrecto. Cualquiera puede visitar el plano astral y aprender a hacerlo regularmente. El objetivo de los viajes astrales es ayudar a descubrir la conexión entre el ser físico y la esencia espiritual. Por lo tanto, no importa si usted ya es una persona espiritual o si solo lo intenta por primera vez. Una cosa segura es que puede aprender las técnicas rápida o gradualmente, dependiendo de cuán comprometido esté. Eso es normal. Si se compromete, puede aprender a enviar su conciencia fuera de su forma física en solo quince días. Otras personas pueden pasar meses o incluso años antes de finalmente aprender a proyectar su conciencia fuera de sus cuerpos. Lo vital es tener la mentalidad adecuada para aprender la proyección astral. Incluso si no lo consigue al instante, siga creyendo que tendrá éxito. La duda existe para limitar a la gente a que desarrolle todo su potencial. Si deja que la duda le detenga, nunca descubrirá hasta dónde puede llegar. Con paciencia y práctica regular de la EFC, logrará su objetivo a tiempo.

4. La ubicación importa

Antes de intentar un viaje astral, asegúrese de que sea en un lugar donde se sienta seguro. No puede proyectar su conciencia astral fuera de su forma física a menos que pueda relajarse y concentrarse mentalmente. Para hacer esto, necesita estar en un lugar donde haya una sensación de seguridad y protección. Esto ayuda a su miedo a lo que puede pasarle a su cuerpo físico después de que se vaya. Si es la primera vez que realiza un viaje astral, lo mejor es hacerlo en un lugar como su dormitorio, donde pueda volver para encontrarse con su cuerpo físico descansando de forma segura. Si intenta proyectarse en un lugar donde sus sentimientos de miedo y peligro son mayores, no logrará nada. Recuerde que el viaje astral es tanto una experiencia espiritual como educativa. Lo hace para aprender sobre las cosas que no le enseñan en la universidad o en los libros de texto. Por lo tanto, hacerlo de la manera correcta es vital.

5. El viaje astral requiere un propósito

Para viajar por el plano astral, se necesita una razón, un propósito o una meta específica. ¿Qué espera lograr al realizar un viaje astral? Esta es una pregunta que debería ser capaz de responder sinceramente. Si no puede responder a esta pregunta, no se moleste en realizar el viaje astral. La mayoría de la gente dice que quiere hacer viajes astrales, pero no saben por qué quieren hacerlo. El viaje astral no es para hacer turismo; se trata de aprender, buscar respuestas, encontrar y experimentar. Todo en el plano astral ocurre por una razón más profunda. Se aprende algo con cada incidente en el plano astral. El objetivo del viaje astral es ayudarle a evolucionar y crecer dentro de sí mismo, alcanzando un estado de iluminación que es imposible de otra manera. En lo profundo de su mente, usted tiene una conciencia superior con conocimiento sobre la verdadera naturaleza de la existencia. Está más conectado con esta conciencia en la infancia, pero a medida que crece, pierde la conexión que tiene con ella. El viaje astral es la clave para conectar con la conciencia una vez más.

En algunos casos, el viaje astral se trata de la curación. Puede elegir el viaje astral para descubrir la naturaleza de una enfermedad que está combatiendo o como un medio para curarse a sí mismo. La conclusión es que nunca debe intentar el viaje astral a menos que tenga algo en mente que espere conseguir, ya sea aprender o curarse.

6. El viaje astral es diferente a las películas

Muchas películas han explorado los viajes astrales, pero no muchas de ellas tienen razón sobre la práctica real. En la película de superhéroes de Marvel, *Doctor Strange*, los protagonistas toman constantemente sus formas astrales para luchar contra el crimen y sus perpetradores. En algunas películas, el protagonista termina perdiéndose en el plano astral y nunca puede volver a su cuerpo. Estas son cosas que solo suceden en las películas y nunca en la práctica de la proyección astral. En el plano astral, el alma regresa automáticamente a su cuerpo cuando experimenta cualquier emoción abrumadora, como el miedo o la emoción. Automáticamente se despierta en su cuerpo. Es la forma en que su mente le protege, así que no importa si las emociones que experimenta son positivas. Si esa emoción es abrumadora, volverá a su forma física. Por lo tanto, es importante entrenarse para mantener sus emociones bajo control mientras viaja al astral. Tenga confianza en que nunca se perderá para siempre, como los protagonistas de las películas.

7. La meditación es la clave de la proyección astral

Si quieres una experiencia de viaje astral sin problemas como principiante, la meditación es el camino a seguir. No es que la meditación sea una necesidad, pero con seguridad ayuda. No hay mejor manera de tener una experiencia adecuada que meditar antes de la proyección astral. La proyección astral consciente es diferente del sueño lúcido o del viaje astral inconsciente en sus sueños. Ir conscientemente al plano astral significa experimentar algo que es real desde una percepción independiente. Su mente normalmente no puede lograr esto, porque muchas cosas la retienen. Meditar antes de la proyección o el viaje astral es la clave para liberar la mente de las cosas que la retienen. La meditación se deshace de todos los pensamientos limitantes e innecesarios. Cuando se medita para el viaje astral, la mente no se centra en nada más que en la experiencia que está a punto de tener. Es posible que no pueda captar esto en sus primeros intentos; a veces, necesita horas y semanas de meditación antes de poder lograr lo más básico en el viaje astral. La meditación también es clave para prolongar su estancia en el plano astral. Cuando usted va al plano astral en su forma astral, su mente permanece conectada a su cuerpo físico, lo que explica por qué usted puede retroceder cuando experimenta una oleada de emociones. Meditar antes de su proyección puede ayudar a su mente a permanecer tranquila y le permite permanecer relajado ante el peligro. Por lo tanto, la meditación puede ayudar a prolongar sus experiencias fuera del cuerpo.

8. Su forma astral puede hacer cualquier cosa que haga su forma física

Estar en forma astral no tiene ninguna limitación. No le impide hacer ciertas cosas. En su forma astral, puede incluso espiar a otros sin que le vean. A menos que vaya alrededor de personas clarividentes o altamente intuitivas, es probable que no le vean o sientan. Sin embargo, esto no hace que esté bien ir por ahí faltando al respeto a la privacidad de las personas. Sin embargo, puede ser difícil hacer cosas como espiar mientras está en la forma astral. El propósito de la proyección astral es iluminarle y educarle, y su cuerpo astral normalmente querrá mantenerse fiel a ese propósito.

Cuando está fuera de su cuerpo, el plano astral no es el único lugar al que puede ir. Puede elegir quedarse en el plano de la materia donde puede ver a sus seres queridos, volar a la casa de su mejor amigo, o tal vez solo pasar el rato en su calle. También puede subir a un plano superior donde puede encontrarse con sus guías espirituales o ángeles y charlar con ellos sobre la existencia, la realidad y cualquier cosa que amplíe su conciencia. Otros planos pueden no estar alineados con su frecuencia de vibración. Ir a estos planos es como ponerse en riesgo. No es recomendable que vayas allí sin un guía espiritual poderoso.

Si usted es mayor de 18 años, puede que le interese el capítulo que trata sobre el sexo en el reino astral. Sí, también puede hacerlo. Solo tenga cuidado con quien lo hace.

Ahora que sabe todo lo que necesita antes de intentar un viaje astral, es hora de prepararse para sus experiencias de proyección astral.

Capítulo seis: Preparación para la proyección astral

Viajar al plano astral puede ser difícil, pero no es imposible. Muchas personas se han dado por vencidas, después de varios intentos infructuosos, de tener una experiencia fuera del cuerpo. Uno de los problemas es que existen muy pocos recursos con los pasos detallados sobre lo que realmente se necesita hacer para prepararse para la proyección astral. Por consiguiente, la lucha y la dificultad. La única cosa que puede hacer que usted lo pase mal y que sus intentos de EFC no tengan éxito es un condicionamiento mental inadecuado. Si usted no prepara su mente adecuadamente para la experiencia, las posibilidades de éxito serán muy bajas. La mente subconsciente necesita ser condicionada para prepararla para tal experiencia. Más importante aún, tiene que deshacerse de los miedos, la ansiedad y cualquier otra cosa que pueda estar atascando su mente. Mientras se condiciona mentalmente para la experiencia, también debe tomarse el tiempo suficiente para practicar antes de finalmente hacer un intento real. Por supuesto, está bien si no lo hace bien en el primer intento o en el segundo o el tercero. La idea es seguir practicando hasta que el reino astral se abra a usted.

Lo más importante que debe hacer para prepararse para el viaje astral es superar cualquier miedo a la experiencia. Puede que tenga miedo de encontrar algún peligro en su viaje al plano astral, lo cual está bien. La clave es no dejar que ese miedo abrume su mente hasta un punto paralizante. Algunas personas pueden decirle que tiene que deshacerse completamente del miedo antes de que pueda viajar al plano astral, lo cual es imposible, especialmente si es su primera vez y tiene miedo de la experiencia. Es natural tener miedo. Sin embargo, no se asuste hasta el punto de quedar abrumado. Puede reducir fácilmente su miedo expandiendo sus conocimientos de la proyección astral y familiarizándose con ciertas cosas esenciales que deberían ser un conocimiento básico para cualquiera que espere proyectarse astralmente.

Mientras estudia y mejora su conocimiento, reserve algún tiempo diario para practicar afirmaciones positivas, visualización, hipnosis y otras técnicas de preparación.

Afirmaciones positivas

Las afirmaciones son herramientas poderosas y efectivas para condicionar o reacondicionar la mente. Deben ser una parte integral de sus actividades diarias cuando se prepara para la proyección astral. Las afirmaciones también pueden ayudarle a superar su miedo mucho más rápido. Algunas de las afirmaciones positivas que puede utilizar incluyen:

«No tengo miedo. El miedo no tiene poder sobre mí».

«Visitaré el plano astral».

«Mi conciencia dejará mi cuerpo para tomar mi forma astral».

«Tendré una experiencia fuera del cuerpo».

Cualquier frase que decida usar, asegúrese de mantenerla positiva y con un propósito. Tenga claro lo que hará, no lo que quiere hacer. Por ejemplo, no diga: «Quiero proyectarme en el astral». Diga, «Me proyectaré en el astral». El propósito de las afirmaciones positivas es reforzar su deseo y objetivo en su subconsciente. Cuanto más practique, más preparada estará su mente. Tome nota de no usar frases con connotaciones negativas, especialmente las que connotan miedo o ansiedad. Su mente no puede distinguir entre afirmaciones positivas y negativas; solo puede reforzar cualquier cosa que usted diga. Use afirmaciones positivas para la práctica diaria. No las use solo cuando esté tratando de proyectar. Deje que se convierta en un hábito. Úsalas antes y después de ir a la cama cada noche. Es cuando está más cerca de su estado subconsciente. Siga recordándose la razón de su proyección astral cada vez que practique.

Visualización

La visualización es otra forma de prepararse para el viaje astral. Sin embargo, la mayoría de la gente parece pasar por alto su importancia. Practicar la visualización para prepararse para el plano astral no debería ser una opción; debería ser una parte esencial de sus intentos, exitosos o no. Afortunadamente, la visualización es algo que se puede practicar varias veces al día, de diferentes maneras, y cuanto más se practique, mayores serán las posibilidades de éxito. Si usted es el tipo de persona que practica la meditación de la atención plena con regularidad, debería ser fácil para usted. La práctica de la visualización implica imaginar cosas. En su caso, puede ser imaginar estar volando o flotando, ya que esta es la sensación que suelen describir las personas que han tenido EFC. Así que imagine que está volando o flotando, añada tantos detalles como sea posible, ya que esto es muy importante.

Si está volando:

Elija la velocidad a la que va. ¿Vuela a la velocidad de un pájaro o de un avión? ¿Hacia dónde estás volando? Mientras está volando, ¿qué puede ver a su alrededor? ¿Es de día o de noche? ¿Hay pájaros volando con usted en el cielo? ¿Hay algún sonido u olor? ¿Siente el viento caliente o frío en su cara? ¿Está el aire soplando a través de su pelo? Si es así, ¿cómo se siente?

Estos son los detalles que debe poner en su imaginación. No sea vago cuando visualice; añada cada detalle menor o mayor que le venga a la mente. Sea lo que sea que elija, sumérjase completamente en la imaginación.

Otra forma de utilizar la visualización es imaginar que tiene sensaciones astrales. Cierre los ojos y visualícese tocándose, no imagine nada sexual, ya que esto puede afectar a sus técnicas de proyección.

- Imagine usar sus manos para frotar su brazo, hombro o rodilla en movimientos circulares. Lo hace muy suavemente.

- Si tiene que hacerlo, tóquese para que se sienta real. Enfóquese en la sensación de su mano contra su brazo o rodilla. Al mismo tiempo, concéntrese en cómo siente su rodilla contra su mano.

- Concéntrese en las sensaciones y use su mente para recrearlas. Puede que no lo consiga inmediatamente, pero lo hará siempre y cuando se mantenga concentrado. Cuanto más se concentre, más fácil y efectivo será.

También puede imaginarse lugares reales en los que nunca has estado antes. Puede ser el paisaje de su pantalla de Windows, un cuadro o el arte de su pared. Mírelo bien. Mire todos los detalles, incluso los más insignificantes. Observe los colores, las sombras, las texturas, todo. Memorice la foto o el cuadro. Luego, aléjese del objeto y trate de recordar todo lo que memorizó. Haga esto todos los días, y pronto podrá usar este método para lograr una proyección. Sin embargo, por ahora, tómelo como una técnica para condicionar su mente y prepararla para la proyección.

Hipnosis y sugerencias subliminales

La hipnosis es otra técnica increíblemente eficaz para condicionar la mente para la proyección astral y las experiencias fuera del cuerpo. No se sorprenda si la hipnosis termina siendo más efectiva para usted que todas las técnicas previamente discutidas. Esto se debe a que la hipnosis es una forma de entrar en lo profundo de su mente subconsciente y prepararla para la experiencia. Las afirmaciones positivas y la visualización son ambas formas de evitar que su mente deje que el miedo y cualquier otra emoción la abrumen. No quiere que el miedo y la duda paralicen su mente y le hagan fallar antes de que lo haya intentado. La hipnosis y la sugestión subliminal son más efectivas porque puede incluir algunos de los otros métodos cuando intenta la hipnosis. Sin embargo, necesita la presencia de un hipnoterapeuta entrenado si quiere usar este método.

Consejos para prepararse

Ahora, además de los métodos anteriores, debe hacer otra cosa para prepararse para el viaje astral. Si está tratando de iniciar una sesión de EFC e intentar una proyección, ¿cómo se prepara? A continuación hay cinco consejos que dan una idea de lo que hay que hacer antes de intentar una proyección.

1. *No molestar*

Así como no querría ser molestado cuando medita, no puede ser molestado durante la práctica de la proyección astral. Por lo tanto, encuentre una habitación tranquila donde pueda llevar a cabo su sesión sin ser molestado por su pareja, niños, mascotas o cualquier otra cosa. Si no lo hace, sus intentos pueden verse arruinados por estos. Por ejemplo, puede sentir que finalmente está haciendo lo correcto, y entonces una llamada entrará y arruinará el momento. Mantenga el teléfono móvil y los aparatos de comunicación lejos de la habitación que quiera usar para practicar. Si siente que no puede evitar completamente el ser molestado, es mejor practicar a una hora en la que todos los demás estén dormidos. Por ejemplo, puede practicar muy temprano por la mañana o por la noche cuando todos están en la cama. Su horario determinará la hora que elija. Solo asegúrese de que sea una hora en la que tenga su "tiempo personal".

2. *Póngase cómodo*

Relaje su mente. Póngase cómodo. Use algunos de los métodos anteriores para calmar su mente y prepararla. Puede elegir entre acostarse en su cama o en el sofá. Todo depende de usted. Solo asegúrese de que su postura sea la que le permitirá permanecer inmóvil durante el tiempo que sea necesario. Además, use algo ligero. Si quiere, puede decidir practicar desnudo. Si prefiere acostarse en la cama, mantenga una manta ligera a su alrededor o no, dependiendo del clima. Si quiere sentarse, es mejor usar una silla reclinable que le ayude a estar cómodo durante toda la sesión.

3. *No establezca límites de tiempo*

Ser consciente del tiempo puede arruinar su experiencia. En lugar de ver la proyección astral como algo que hay que hacer dentro de un cierto período, elimine los límites de tiempo. No piense en ello como una carrera porque no lo es. Sea libre. Tómese el tiempo que necesite. Poner un límite de tiempo es una de las cosas que puede inhibir su mente, como el miedo. Elimine la preocupación por el tiempo y ábrase a la experiencia.

4. *Elija el momento adecuado*

El tiempo es el factor decisivo para el éxito. Piense cuidadosamente en el momento adecuado para practicar. Aunque la noche puede parecer ideal —ya que todos los demás estarían dormidos— la fatiga y el estrés pueden suponer un problema, especialmente si se trabaja todo el día. La mañana es mejor para muchas personas; de hecho, practicar directamente después de dormir aumenta sus posibilidades de éxito por un amplio margen. Los intentos nocturnos suelen ser más difíciles. Por lo tanto, es mejor hacer los intentos por la mañana.

5. *Sea*

Sí, solo sea. Una vez que consiga que su mente y tu cuerpo se relajen, simplemente quédese. No se preocupe por nada. Sea, y permita que su mente conciba las imágenes y todo lo demás que quiera hasta que se desvanezcan y se disipen. Eventualmente, su mente se calmará, y estará listo para proyectar. Antes de intentar la proyección, sin embargo, realice un ejercicio de meditación para ponerse en el estado mental adecuado.

Una vez que usted puede llevar a cabo con éxito la etapa de preparación, usted está un paso más cerca de tener una experiencia fuera del cuerpo y visitar el plano astral. Todo lo que necesita hacer ahora es tratar de proyectar.

Nota: Antes de intentar la proyección, asegúrese de que se ha equipado con consejos de protección astral. El plano astral es una dimensión desconocida; es diferente del plano físico. Se encontrará con cosas muy extrañas, pero eso no debe alarmarle. Lo correcto es protegerse antes de ir allí. Algunas de las mejores maneras de protegerse son llevar un amuleto protector o llamar a sus guías espirituales para que le protejan. Más sobre eso se discute más adelante.

Capítulo siete: 5 Técnicas básicas de proyección astral

Proyectarse en el plano astral no es lo mismo que quedarse dormido, aunque se puede lograr en estado de sueño. Dormir es fácil. Un día de trabajo puede servir como base para un buen y profundo sueño. Sin embargo, cuando se trata de viajar al astral, se necesita algo más que estar cansado. De hecho, el cansancio y la fatiga probablemente harán que su intento fracase en lugar de tener éxito. Para viajar en el astral, necesita impulsarse a un estado en el que su cuerpo esté dormido mientras su mente permanece despierta y alerta. Luego, necesita transitar su conciencia en un vehículo astral, también conocido como su cuerpo astral. Todo lo demás que sucede en la proyección o viaje astral solo es posible después de lograr lo anterior. Aunque algunas cosas básicas las separan, soñar es una forma de proyección astral, una forma inconsciente. El alma a veces deja el cuerpo cuando usted duerme. Pero no lo sabe, así que no puede controlar lo que hace cuando se va. En este caso, su subconsciente está a cargo. La diferencia clave entre dormir normalmente y la proyección astral es que usted está a cargo de su alma cuando se proyecta astralmente. En otras palabras, usted puede dictar conscientemente a dónde va su alma, y es consciente de la experiencia. La proyección astral consciente es lo que le beneficia. Entonces, ¿cuáles son algunas de las mejores técnicas que le ayudarán a lograr un viaje astral rápido?

Primero, debe saber que su éxito puede ser rápido. Puede aprender a proyectarse en el astral en solo quince días. Todo depende de usted. Sí, hay consejos y técnicas para ayudarle, pero, ¿cuán comprometido está dispuesto a estar? ¿Se toma en serio los viajes astrales? ¿Es capaz de calmar su mente y matar sus miedos sobre la experiencia? Todas estas son cosas que impactarán en su nivel de éxito. Si sigue los consejos de este libro desde lo más básico a lo más avanzado, comenzará a viajar astralmente con regularidad. Por lo tanto, depende de usted.

También debe saber que hay toneladas de técnicas que pueden ser usadas para impulsar su conciencia fuera de su cuerpo. Cada humano es único. Una técnica exitosa de EFC para alguien puede no funcionar para usted. Es por eso que hay más de cinco técnicas diferentes aquí para ayudarle. Si intenta una por un tiempo y no le ayuda, pase a la siguiente. Pruebe las técnicas hasta que encuentre una que le funcione perfectamente. En casos específicos, algunas personas solo tienen que probar una técnica por primera vez antes de descubrir que es la perfecta para ellos. Ciertas técnicas son superiores a otras, por lo que las técnicas que siguen son algunas de las mejores que funcionan para la mayoría de la gente.

Técnica de la cuerda

Si alguna vez ha intentado aprender sobre la proyección astral, puede que haya oído hablar de esta técnica ya que es bastante popular. La técnica de la cuerda es una de las técnicas de proyección astral más efectivas. Fue introducida por Robert Bruce y consiste en visualizar una cuerda imaginaria que cuelga del cielo, de su techo o de cualquier superficie sobre usted. Esta cuerda es la que se utiliza para impulsar el cuerpo astral desde lo físico, esto se hace presionando un único punto del cuerpo. Antes de comenzar a inducir la proyección astral, no olvide preparar su estado mental para la experiencia. Es mejor practicar esta técnica acostado.

- *Relaje su cuerpo y su mente.* Libere su mente de todas las preocupaciones y el estrés. Acuéstese en una postura cómoda. Intente tensar y liberar sus músculos durante unos segundos para liberarlos de cualquier tensión. Una vez que esté calmado y relajado, puede proceder.

- *Prepare su cuerpo para dormir.* Deje que su cuerpo se sienta entumecido y relájese lo más profundamente posible, pero no hasta el punto de perder la conciencia. No intente mantenerse despierto; deje que su cuerpo físico se duerma induciendo un estado de sueño. La forma más simple de hacerlo es acostarse en la cama o en el sofá, cerrar los ojos y dejar que los pensamientos se alejen. Cuando empieza a perder sensaciones físicas, significa que su cuerpo se está moviendo hacia el sueño.

- *Acuéstese.* No haga nada. Si cree que no hay mucho de esto, en parte tiene razón. Debería sentirse como si nada estuviera sucediendo. Solo quédese quieto y no mueva ninguna parte de du cuerpo. Para mejorar la sensación de estar casi dormido, concéntrese en la oscuridad delante de sus ojos cerrados; puede que experimente algunas cosas extrañas mientras está en este estado. No se preocupe, su campo de visión le dará una sensación de expansión. Puede parecer extraño, pero le gustará la sensación. También puede ser consciente de algunos sonidos y patrones de luz. Ignórelos ya que con el tiempo se desvanecerán. En este punto, debería empezar a sentir que está flotando o cayendo, sin sentir o percibir nada. Mantenga este estado y sentimiento.

- *Estado de vibración.* Este es un estado al que entrará una vez que haya inducido a su cuerpo a un estado de sueño. Aunque no se siente exactamente como vibraciones, es un efecto que usted experimentará. Se siente como estar sin peso y flotando. Al sobrecargar su fuerza de voluntad, puede aumentar la sensación y la sensibilidad, y también puede disminuir. Esta sensación no es algo que se pueda describir con precisión. Espere hasta que la experimente.

Alcanzar el estado de vibración es un hito. Si puede alcanzarlo en su primer intento, debe saber que está haciendo algo bien ya que no mucha gente puede alcanzar este estado. Tenga en cuenta que debe mantener el estado de vibración por un tiempo antes de seguir adelante.

Este estado es un buen momento para explorar en lo profundo de su mente y tal vez incluso utilizar un método de visualización para informarse y tener una profunda introspección.

- *Imagine la cuerda.* Visualice una cuerda colgando de la superficie sobre usted, con la punta colgando a unos pocos centímetros de su cara. Concéntrese en esta etapa y ponga tantos detalles como sea posible. Visualice la textura, el peso y el movimiento de la cuerda. ¿Se siente áspera o suave? ¿Ligera o pesada? ¿Está quieta o se balancea con la brisa?

- *Toque la cuerda.* Cuando haya imaginado con éxito la cuerda y la vea claramente, imagínese extendiendo los brazos y agarrándola. Si es su primera vez, simplemente agarre la cuerda, no haga nada más. Debería ser capaz de sentir la aspereza o suavidad de la cuerda en su mano visualizada. Luego, intente con la segunda mano. Al hacer esto, está intentando separar su extremidad de su forma física.

Ahora, visualice su segunda mano alcanzando para agarrar la cuerda muy fuerte. Permanezca en esa posición durante unos segundos. Luego, use su fuerza de voluntad y visualice, tirando de su cuerpo hacia arriba y fuera de su cuerpo físico. Esto puede sonar difícil, pero lo encontrará fácil cuando empiece la práctica real.

Si logra sacar su astral de su forma física, eso es todo. Una vez que esté fuera de su cuerpo, puede empezar a flotar para obtener la experiencia completa. Si se queda dormido mientras practica, no se castigue por ello, simplemente inténtelo de nuevo al día siguiente. No deje que su primera experiencia fallida le haga sentir como un fracaso.

EFC de sueños lúcidos

Esta técnica implica la transición de un sueño lúcido a una experiencia fuera del cuerpo. Como usted ya sabe, el sueño lúcido es el tipo de sueño en el que sueña mientras permanece totalmente consciente y alerta de la experiencia, y también permanece al mando de su sueño. El sueño lúcido y la proyección astral son dos cosas diferentes, pero el sueño lúcido puede ser utilizado como un apoyo para lograr la proyección astral. Para aprender a pasar del sueño lúcido a la proyección astral, primero debe saber cómo lograr un estado lúcido mientras sueña. Cuando se entra en un estado de sueño lúcido, la conciencia deja el cuerpo en un lugar concebido por la mente subconsciente. Ahora lo que tiene que hacer es inducir un estado de sueño lúcido y luego transferir su conciencia de ese lugar imaginario a su dormitorio.

- *Piense en las EFC.* Lea sobre las EFC. Deje que la idea de tener una experiencia fuera del cuerpo permanezca en su mente todo el día. El objetivo aquí es llenar su mente con pensamientos de EFC. Esta técnica se practica mejor por la noche, así que piense en las EFC durante el día.

- *Utilice afirmaciones positivas para activar su mente de manera que pueda inducir un estado de sueño lúcido.* Durante el día, diga cosas como: «Voy a tener un sueño lúcido y la transición al plano astral». Siga recordándose esto todo el día. Y, lo más importante, recuerde ocasionalmente preguntarse: «¿Estoy soñando ahora mismo?». Dentro de unos días, habrá reacondicionado con éxito su mente para inducir un estado de sueño lúcido mientras duerme. El siguiente paso es esperar.

- *Sueño post-lúcido.* Cuando finalmente tenga un sueño lúcido y sea consciente de ello, inmediatamente imagine estar soñando y no en su cuerpo. Intente esto, y debería sentir que su conciencia se libera y se independiza de su forma física. Otra cosa que debe tener en cuenta es que el sueño lúcido tendrá lugar en cualquier tierra de sueños que su subconsciente recree. Por lo tanto, use su fuerza de voluntad y desee estar en su dormitorio.

Tan pronto como lo haga, debería encontrarse flotando en su dormitorio, con su cuerpo físico descansando en la cama.

Así de simple, ha logrado su objetivo de proyección astral. Antes de usar este método, asegúrese de practicar primero el sueño lúcido ordinario. Una vez que comience a inducir un estado de sueño lúcido sin ningún problema, puede proceder a la proyección astral y al viaje astral.

Técnica de la conciencia desplazada

El objetivo de esta técnica es desplazar el sentido de la conciencia y la dirección para que usted termine en el plano astral. Para usar esta técnica, tiene que entrar en un estado de trance y usar la visualización para desplazarse. Muchas personas encuentran esta técnica increíblemente fácil de ejecutar, y los intentos son casi siempre exitosos.

• *Cierre los ojos.* Entre en un estado de trance como el descrito en la primera técnica, relajase hasta que su cuerpo esté lo más quieto posible. Entonces, visualice la habitación en la que se realiza la sesión. Intente absorber la sensación de toda la habitación de una sola vez proyectándola en su conciencia. Esto significa que literalmente debería ser capaz de ver la habitación exactamente como está en su mente.

• *Sea tan pasivo como sea posible acerca de la experiencia.* Imagine la sensación de que estás viendo toda la habitación por encima de sus hombros.

• *Visualice su cuerpo astral.* Imagínese girando lenta y suavemente a 180 grados. Una vez que termine la rotación en su mente, su cabeza astral debe estar posicionada donde tiene sus pies físicos, y sus pies astrales deben estar donde tiene su cabeza física. Esto significa que sus cuerpos astral y físico deben estar directamente opuestos el uno al otro. Con esta imagen en su cabeza, trate de imaginar su habitación en esta nueva dirección. La idea aquí es hacer que su mente subconsciente olvide dónde está realmente y desplace su sentido de la dirección. Si hace esto de la manera correcta, tendrá una repentina sensación de mareo. No se asuste ya que esto es normal. Permanezca en ese estado durante unos minutos hasta que se sienta cómodo.

• *Flotando.* Una vez que se sienta cómodo en ese estado, la siguiente etapa es visualizarse flotando hacia la superficie encima de usted, es decir, su techo o tejado. Deje que esto se sienta tan real como sea posible. No se sorprenda al encontrar que su forma astral de repente sale de su forma física.

Por simple que parezca esta técnica, es más fácil dormirse mientras se practica. Debe practicar esta técnica después de despertar del sueño ya que su mente y cuerpo estarán naturalmente descansados y relajados después de un buen sueño. Tenga en cuenta que no tiene que hacerlo bien en su primer intento. Esta técnica necesita tiempo para perfeccionarse. Por lo tanto, haga de la práctica una cosa continua y sea paciente. Se sorprenderá de los resultados cuando finalmente perfeccione esta técnica.

Viéndose a sí mismo dormir

Esta técnica es similar a la segunda técnica. Necesita inducir un estado de trance para que su cuerpo físico impulse su forma astral desde él. Empiece esta técnica por la mañana cuando aún esté somnoliento, y su cuerpo podrá volver a dormirse fácilmente. Esta es la clave para alcanzar el nivel de relajación y conciencia que necesita para llevar a cabo esta técnica.

• *Acuéstese en su sofá, cama o cualquier superficie plana que sea cómoda para practicar.* Relaje sus músculos aflojando la tensión y los nudos que siente en ellos. Cierre los ojos. Intente liberar su mente de pensamientos que le distraigan enfocándose en la sensación de su cuerpo. No abandone esta etapa hasta que haya alcanzado un estado completo de relajación de la mente y el cuerpo.

- *Ayúdese a entrar en un estado de hipnosis.* El estado hipnótico se conoce como el estado hipnagógico. Atraiga a su cuerpo a dormir sin permitirse perder la conciencia. La hipnosis es como estar al borde del puente entre la vigilia y el sueño. Hasta que no se alcance este estado, la proyección astral no será posible.

- *Entre en un estado hipnótico.* Para ello, cierre los ojos con firmeza pero sin forzarlos ni ejercer presión sobre los músculos oculares. Permita que su mente se concentre en cualquier parte específica de su cuerpo, como su pie o su dedo. Concéntrese en la parte del cuerpo hasta que empiece a tomar forma en su mente incluso cuando sus ojos estén cerrados. Mantenga su enfoque en ella hasta que todos los demás pensamientos se desvíen. Usando la mente, mueva el dedo suavemente, no lo mueva físicamente. Visualice el dedo moviéndose o doblándose hasta que pueda sentir que está sucediendo físicamente.

- *Mueva el enfoque a otras partes de su cuerpo.* Esto incluye la cabeza, las piernas, los brazos y las manos. Mueva cada parte usando su mente. Manténgase firme hasta que pueda mover mentalmente todo su cuerpo.

- *Entre en el estado de vibración como se describe en la primera técnica.* Las sensaciones de vibración pueden venir en ondas o suavemente. Normalmente llegan cuando su alma está a punto de salir de su cuerpo físico hacia la forma astral. Controle cualquier sensación de miedo para evitar interrumpir su estado meditativo. Piérdase a las vibraciones.

- *Usando su mente, impulse su conciencia desde su cuerpo.* Visualice la habitación en la que está. Hágase a la idea de ponerse de pie con su mente. Mire a su alrededor y bájese de la cama. Luego, camine alrededor de su habitación y vea su forma física.

- *El estado astral.* Si siente la sensación de mirar a su propio cuerpo desde otra perspectiva, ha entrado con éxito en el estado astral, y su conciencia es ahora independiente de su cuerpo. Esta etapa requiere, comprensiblemente, toneladas de práctica para algunas personas. Si usted es uno de ellos, siga practicando. Si mover todo el cuerpo parece demasiado difícil, pruebe primero con una pierna o una mano. Luego, gradualmente aumente hasta llegar a todo el cuerpo.

Si tiene una aguda capacidad intuitiva, el estado de vibración puede llegar tan fácilmente como la respiración. Sin embargo, incluso si no lo hace, todavía llegará si sigue practicando. Una vez que su forma astral está en modo de viaje, puede flotar hasta el reino astral.

La técnica de Monroe

El Dr. Monroe es uno de los pioneros de la proyección astral en los medios de comunicación. Probablemente ha oído hablar de la técnica de Monroe si ya ha incursionado en la proyección astral y las EFC. Su técnica es increíblemente simple y directa, similar a la técnica de la cuerda con solo unas pocas diferencias. Es más que probable que la técnica de Monroe le ayude a alcanzar un estado astral si tiene los consejos adecuados. A continuación se presentan siete pasos sencillos para seguirla de forma efectiva.

1. *Relajarse.* Esto es necesario para todas las técnicas ya que induce una experiencia fuera del cuerpo. Relaje su cuerpo y su mente con cualquier técnica de relajación discutida hasta ahora.

2. *Después de entrar en un estado de relajación, proceda a inducir un estado hipnagógico.* Atraiga su sueño sin dejar que su conciencia se duerma. Puede usar el método de la técnica anterior para inducir un estado hipnagógico.

3. *Cuando sienta que está llegando al estado de casi-sueño, profundice para alcanzar las condiciones.* La condición A es cuando finalmente se encuentra en un estado de casi-sueño. De la condición

A, pase a la condición B, un estado de relajación más profundo en el que note los patrones de luz y sonido. De la condición B, pase a la condición C, un estado aún más profundo que el B. Cuando llegue a la condición C, habrá perdido completamente la conciencia de toda la estimulación sensorial de su cuerpo físico. Pero su mente estará ahí para servir como su única estimulación. Ahora está en un estado de vacío. Antes de proyectarse, debe asegurarse de alcanzar la condición D.

4. *Después de alcanzar la condición D, tiene que entrar en un estado vibratorio.* Este es el estado justo antes de proyectar su alma fuera de su cuerpo físico.

5. *Controle su estado vibratorio visualizando ondas de vibraciones en cada parte de su cuerpo.* La mejor manera de hacerlo es centrarse en las sensaciones de hormigueo causadas por el estado vibratorio y extender la sensación de una parte de su cuerpo a la siguiente. Para iniciar la proyección con éxito, debe hacerse cargo por completo del estado vibratorio.

6. *Intente una separación parcial de su cuerpo.* Enfoque sus pensamientos en separarse de su cuerpo. Asegúrese de no perder el rastro de sus pensamientos, ya que esto podría hacerle perder el estado vibratorio. Suavemente impulse una parte de su forma astral desde su cuerpo —puede elegir un pie o su mano. Extiéndala desde su cuerpo físico e intente tocar algo cercano a usted. Permita que su mano o su pie atraviese el objeto que toca y luego retraiga el objeto a su forma física. Si lo hace con éxito, puede progresar a una proyección completa.

7. *Ahora puede separarse completamente de su cuerpo físico.* Hay dos maneras de hacerlo, de acuerdo con esta técnica. En primer lugar, imagine que se está volviendo más ligero y que está flotando hacia arriba. Permanezca enfocado, y sentirá que su conciencia sale de su cuerpo. O, puede usar la técnica de rotación que implica rodar, de la misma manera que lo hace cuando se levantas de la cama. Tenga cuidado de no mover su cuerpo físicamente. Antes de que se

dé cuenta, se encontrará acostado separado de su cuerpo físico. Ahora, todo lo que necesita hacer es imaginarse flotando hacia arriba mientras miras hacia abajo a su cuerpo físico.

Intente todo eso, y tendrá una proyección astral exitosa en la última etapa.

La técnica de la sed de Muldoon

Esta técnica no se recomienda generalmente para los principiantes, porque es algo desagradable. Sin embargo, es tan efectiva como cualquier otra técnica de esta lista. La técnica de la sed de Muldoon consiste en no beber agua durante el día y luego usar la sed como una sensación de conducción para inducir una experiencia fuera del cuerpo. Ve un vaso de agua y se imagina bebiéndola. Hace esto cada pocas horas durante todo el día. Luego, antes de dormir, coloca un vaso o taza a pocos metros de su cama y lame una pizca de sal. En este punto, debería tener mucha sed, pero aun así no la bebe. Solo acuéstese en la cama y siga visualizándose alcanzando el vaso de agua o caminando hacia el agua y bebiéndola. Con suerte, su forma astral eventualmente saldrá de su cuerpo para tomar el vaso de agua y beberlo. Entonces puede aprovechar esa oportunidad para explorar el plano material o ir más arriba en el plano astral.

Otras técnicas básicas de proyección astral

Hay otras técnicas de proyección astral que se puede utilizar para lograr un estado fuera del cuerpo. Incluyen:

- *La técnica de salto*. Esta es una técnica de proyección astral muy simple que implica darse un chequeo de la realidad. Básicamente, se pregunta si está soñando. Pregunte en serio y sinceramente, espere una respuesta, y luego salte. En un estado de vigilia, simplemente se levantará y aterrizará. Sin embargo, en un estado de sueño, sentirá que su estado astral despega y vuela cuando salta.

- *La técnica de estiramiento.* Acuéstese. Relájese. Imagine que sus pies se estiran y expanden hasta que se alargan uno o más centímetros. Una vez que pueda mantener esta imagen firmemente en su mente, vuelva sus pies a su tamaño normal. Repita este proceso con su cabeza. Vaya de un lado a otro entre sus pies y su cabeza, estirándolos más en cada intento. Cuando se estire más allá de dos pies, intente hacer ambas cosas a la vez. Pronto, tendrá sensaciones de mareo y sentirá vibraciones. Entonces, puede flotar desde su habitación.

- *La técnica de la hamaca.* Visualícese sentado en una hamaca de colores brillantes entre dos o más palmeras en una playa donde está solo. Sienta la brisa en su cara y visualice el viento que le balancea. Mantenga esta imagen en su cabeza hasta que sienta que se balancea fuera de su cuerpo inmóvil. Por último, salga de su cuerpo al sitio y flote hacia arriba para comenzar su exploración.

Independientemente de la técnica de proyección astral que use, las posibilidades de tener éxito en su primer intento son muy bajas. Puede intentarlo durante varias semanas antes de que finalmente empiece a ver un resultado tangible. Incluso si no puede proyectar inmediatamente, debe saber que cada paso que da es una victoria para usted. Si alcanza el estado hipnagógico en su primer intento, eso cuenta como un logro masivo, y debe tratarlo como tal. En su siguiente intento, si entra en el estado vibratorio con éxito, eso también cuenta. Demuestra que está haciendo algo bien, y estará proyectado astralmente en poco tiempo. Tómese su tiempo y manténgase relajado en todo momento. No haga que se sienta como una carrera o algo que necesita lograr dentro de un marco de tiempo específico.

Lo bueno de la proyección astral es que su sentido de la conciencia se expande con cada intento, sin importar los intentos fallidos o exitosos. Cada sesión de práctica es una oportunidad para mejorar su sentido de conciencia y fortalecer su campo áurico.

Capítulo ocho: Técnicas avanzadas de EFC

Las técnicas avanzadas de EFC son diversas técnicas que utilizan habilidades como la visualización, las afirmaciones, la hipnosis, la transición de los sueños y el sonido. Las técnicas requieren de estas habilidades para que pueda encontrar una que realmente se adapte a usted. Si tiene malas habilidades de visualización, puede usar las técnicas de afirmación o transición de sueños. Sin embargo, las técnicas de visualización son algunas de las técnicas de EFC más populares. Como puede ver, la mayoría de las técnicas básicas de EFC se basan en la visualización. Después de elegir una técnica específica, siga practicando con ella durante al menos treinta días. Los resultados que consiga dependerán de su compromiso y del esfuerzo que ponga en práctica. Tenga en cuenta que la mejor manera de utilizar cualquiera de estas técnicas es asumir un comportamiento lúdico y alegre. No se sienta como si estuviera a punto de hacer algo severo. Libere su mente para que pueda divertirse y disfrutar de cualquier resultado que obtenga.

Técnica de focalización

Esta es una técnica de visualización que involucra uno o más de sus cinco sentidos. La técnica de focalización implica centrar la atención en un objeto fuera de su cuerpo físico y utilizarlo para adormecerle en el estado hipnagógico. Puedes elegir un lugar, objeto o persona en la que enfocarse siempre y cuando no sea una parte de usted. El objeto o la persona que elija tiene que estar a cierta distancia. Podría ser su restaurante favorito o su ex pareja. También puede ser un objeto que tenga un significado especial para usted. Sea lo que sea, debe ser un objeto físico y tangible, algo en lo que pueda poner sus ojos. No puede usar un lugar o persona imaginaria para esta técnica. Elija un objeto o un lugar con el que se sienta más cercano. Mucha gente encuentra que visualizar a un ser querido, del que están separados, es efectivo. No elija a alguien con quien nunca haya tenido una conexión emocional, como un enamoramiento de una celebridad.

Visualícese a sí mismo y a esta persona juntos. Respire en su presencia y permítase sentirse absorbido hasta el punto de sentir que están realmente juntos. Si lo desea, puede iniciar alguna forma de interacción para mantenerse en su presencia. Mantenga la creación visual en su mente tanto tiempo como sea posible mientras deja que su cuerpo se relaje y empiece a dormirse. Es esencial añadir tantos detalles como sea posible a su visualización, incluyendo la interacción que está teniendo con esta persona. Mientras su cuerpo físico se duerme, su mente debe permanecer alerta y despierta. Este método es excelente para la práctica de la visualización a la hora de dormir, ya que acelera su transición al estado hipnagógico. Recuerde, cuanto más involucrado esté con su objetivo, mejor funcionará este método. Por lo tanto, deje que su imaginación se desborde si eso es lo que ayuda. Mantener la atención y la conciencia usando esta técnica se mejora enormemente cuando se dirige la atención completamente a un objeto elegido o a un lugar que está cerca.

Este ejercicio es uno que funciona eficazmente para desarrollar esta habilidad.

- Elija tres objetivos en su casa. Los tres objetivos deben ser objetos tangibles que pueda imaginar fácilmente. Los tres deben estar en otra parte de su casa, lejos de la habitación donde practica esta técnica extracorporal. Por ejemplo, el primer objetivo podría ser su sofá favorito. El segundo objetivo podría ser su vestido de graduación. El tercer objetivo podría ser visualmente estimulante, como el jarrón que obtuvo de sus vacaciones en Japón. Asegúrese de que estos tres objetivos estén todos en una habitación.

- Después de elegir sus objetivos, camine a la habitación donde tiene los objetivos en su cuerpo físico. Examine cada uno y tome cada detalle con meticulosa facilidad. Estúdielos uno por uno desde diferentes puntos de vista. Note si hay alguna irregularidad o imperfección. Tómese su tiempo para asimilar el aspecto y la sensación asociados a cada objetivo.

- Sintonice sus cinco sentidos mientras camina hacia cada objeto para examinarlo a fondo, pero céntrese más en la vista y el tacto. ¿Cómo se siente y se ve cada objeto? Camine a la habitación varias veces hasta que pueda recordar los detalles más básicos de cada objeto, incluyendo el peso, las texturas, los colores y las densidades. Además, tome nota de las sensaciones que acompañan su paseo de un objeto a otro.

Esta técnica tiene como objetivo ayudarle a mantener la conciencia mientras mantiene el enfoque lejos de su cuerpo físico. A medida que se concentre completamente en los objetivos, su cuerpo físico comenzará a dormirse. Si persiste, obtendrá resultados dramáticos. Para aumentar las sensaciones de este método, use un mes entero solo para repetir el recorrido visual y físico. Solo necesita treinta minutos para cada práctica. Asegúrese de seleccionar objetivos que pueda visualizar fácilmente cuando llegue el momento. Esta técnica le llevará al estado hipnagógico más rápido que algunas de las otras técnicas. Es muy útil. Una vez que entre en el estado hipnagógico, siga los otros pasos del capítulo siete.

Técnica de frecuencia de sonido

Los chamanes tibetanos llevan años utilizando sonidos para inducir experiencias fuera del cuerpo. Usan cantos, campanas y campanillas para aumentar su estado meditativo. Se ha demostrado que los sonidos repetitivos pueden ser útiles para mejorar la concentración y la conciencia en los seres humanos. Esta técnica de frecuencia de sonido es un método que ha sido utilizado por los monjes durante siglos. Es una técnica clásica y bastante sencilla.

• Inspire y espire muy profundamente y permita que su cuerpo se relaje completamente. Póngase cómodo en el lugar elegido para la EFC. Cierre los ojos y concéntrese justo encima de su chakra de la coronilla. Enfoque toda su conciencia allí hasta que empiece a perder sensaciones en su cuerpo.

• A medida que sus sensaciones se desvanecen de su cuerpo físico, entone suavemente el *OM* siete veces. Asegúrese de que el sonido resuene a través de la parte superior de su cabeza.

• Vuelva a entonar el sonido *OM* siete veces. Preste atención a la resonancia del sonido en su mente; permita que vaya a la coronilla de su cabeza.

• Concéntrese en el punto mismo de los sonidos resonantes y permita que el sonido se desplace gradualmente a través del techo, ascendiendo a la superficie superior. Sienta que su conciencia se entrelaza con el sonido para convertirse en uno. Conviértase en parte del sonido y deje que se convierta en parte de usted. A medida que su cuerpo se relaja y cae en un estado de sueño, únase al sonido ascendente.

• Sienta su conciencia elevarse con el sonido. Disfrute del sonido y deje que fluya a través de usted, como si fuera uno. Permita que su cuerpo se relaje y duerma mientras su mente se concentra en el sonido *OM*. No desvíe la atención del sonido hasta que su cuerpo físico se duerma y sienta que el plano astral se abre ante usted.

Esta técnica fuera del cuerpo funciona más eficazmente cuando se combina con una cinta de sonido de inducción de EFC.

Técnica de conexión del Yo Superior

El objetivo final de las EFC y los viajes astrales es ayudarle a acercarse a su esencia espiritual, a su yo superior. Solo cuando se alinea con su ser superior se llega a un estado de iluminación y conciencia final. Cuando usted está conectado con su ser superior, entrar en el plano astral para una experiencia fuera del cuerpo se hace mucho más cómodo. Los siguientes pasos le ayudarán a ponerse en contacto con su ser superior.

• *Siéntese cómodamente y cierre los ojos.* Enfocándose en la sensación y el ritmo de su respiración, permita que todos sus pensamientos se disipen lentamente. Siga concentrándose en su respiración hasta que todos sus pensamientos sobre hoy desaparezcan.

• *Haga una petición sincera a su corazón para que le conceda un símbolo visual de su ser superior.* Abra su mente a todas las impresiones que vengan. No emita juicios; solo concéntrese.

• *En el ojo de su mente, visualice que su yo superior viene de lejos hacia usted.* Esto puede aparecer de cualquier manera que tenga un significado significativo para usted. Ahora, el símbolo de su ser superior está frente a usted. Puede sentir su resplandor radiante de luces y la energía reverberante de su alrededor. Tómese el mayor tiempo posible para visualizar, abrirse y estar con su yo superior.

• *Imagínese claramente fusionándose con el símbolo espiritual para convertirse en uno.* Ríndase a su energía y luz porque nada debe restringir su conexión con el yo superior. Reconozca que no existe separación entre su yo consciente y el yo superior.

- *Deje que sus pensamientos se desvíen y se fusionen con su intención de encarnar su yo superior.* Permita que todos los cambios internos ocurran mientras su conciencia se fusiona para convertirse en uno con su poderoso yo superior.

Una conexión establecida con el yo superior hace que la proyección astral sea mucho más fácil. Además, la práctica regular de la EFC puede ayudar a fortalecer esta conexión una vez establecida.

La Técnica del Espejo

Esta es otra técnica de visualización para inducir una experiencia fuera del cuerpo. Puede aumentar significativamente sus habilidades de visualización y prepararle para la exploración del plano astral.

- Coloque un espejo de cuerpo entero en su sala de práctica de la EFC. El espejo debe estar en un lugar que le permita ver su reflejo total sin mover físicamente su cuerpo.

- Mire en el espejo y estudie su imagen. Examine y reflexione sobre la imagen que tiene delante y empiece a memorizarla. Intente ser lo más objetivo y distante posible. Piense en su reflejo como un objeto que quiere pintar en su cabeza. Tome en cuenta hasta los más pequeños detalles. Preste atención al ajuste de su ropa y su cuerpo. Tómese el tiempo que necesite para memorizar cada característica que vea.

- Ahora, cierre los ojos y empiece a visualizarse en tantos detalles como pueda recordar. Repita este proceso hasta que pueda visualizarse mentalmente en el lado opuesto de su habitación.

- Mantenga los ojos cerrados y visualícese de pie en el otro lado de su habitación. Luego, comience a imaginar la imagen visualizada de usted mismo moviéndose de una parte de la habitación a otra.

- A continuación, visualice su yo imaginario moviendo lentamente sus dedos y manos, antes de mover lentamente todo su brazo. Visualice su reflejo moviendo sus pies y piernas. En la medida de lo posible, permítase involucrarse emocional y mentalmente en las acciones de su reflejo.

- Observe como empieza a experimentar las sensaciones de estos movimientos. Disfrute mientras siente las sensaciones sin su cuerpo físico. Sumérjase en los movimientos, y las sensaciones que están produciendo.
- A medida que se sumerge, visualícese, levántese lentamente y camine por la habitación. A medida que camina, preste atención a las sensaciones que acompañan a sus movimientos.
- Siéntase abriendo sus ojos imaginarios desde el reflejo. Con toda la claridad que usted pueda obtener, imagínese su reflejo mirando alrededor de la habitación. Esto debería sentirse como si estuviese viendo la habitación desde una nueva perspectiva, y eso está bien. Solo siga la corriente. Cuanto más se practique esta técnica, más fuerte será la capacidad de ver el mundo desde más allá de los límites de la forma física.
- Uno por uno, comience a transferir sus sentidos, de la vista al tacto, a la imagen que camina por su habitación. A medida que la mayoría de sus habilidades de percepción se mueven hacia el yo imaginario, usted pierde toda conciencia de su cuerpo físico. Enfóquese completamente en su yo imaginario con las nuevas sensaciones y la vista.
- Relájese y permita que su cuerpo físico se duerma. A medida que su cuerpo se duerme gradualmente, usted sentirá un cambio de su conciencia desde su cuerpo físico al astral. Asegúrese de mantener la calma mientras esto sucede.

La técnica del espejo se basa completamente en la visualización. Sigue siendo una de las técnicas más rápidas para inducir una experiencia fuera del cuerpo. Es fácil de aprender y aún más cómoda de practicar. Con consistencia y esfuerzo, la técnica del espejo le ayudará a aprender la proyección astral. Pero lo más importante es que puede mejorar significativamente sus habilidades de visualización para otros propósitos con la técnica del espejo para experiencias fuera del cuerpo. Asegúrese de disfrutar de todo esto mientras practica.

Técnica REM

Se llama la técnica REM porque solo se puede hacer por la mañana temprano después de que hayan pasado dos sesiones REM. Cuando está dormido, cada 90 o 100 minutos, usted entra en una sesión de sueño conocida como el Movimiento Ocular Aleatorio o REM. Durante este período, el movimiento ocular es la prueba física de que usted está entrando en un sueño o en cualquier otro estado en el que la consciencia está alterada. La ciencia aún no ha establecido una conexión entre las experiencias fuera del cuerpo y el REM. Aun así, no hay duda de que ambas están vinculadas de alguna manera. La técnica REM requiere un alto nivel de autodisciplina, pero es bastante útil y segura.

• Ponga su alarma para dormir por tres horas. Una vez que suene y se despierte, vaya a su sala de práctica habitual de EFC.

• Póngase cómodo y utilice cualquiera de las técnicas de proyección astral que se han discutido hasta ahora. Empiece a repetir sus afirmaciones verbalmente y luego dígaselas en silencio a usted mismo.

• A medida que su cuerpo se relaja en este estado, concéntrese completamente en las afirmaciones y aleje su mente de su cuerpo físico. A medida que entra en el estado hipnagógico, trate de aumentar el impacto de sus afirmaciones en su psique. Aumente la intensidad de las afirmaciones. Haga que la última sea firme, personal y clara, lo que debería desencadenar una experiencia fuera del cuerpo al instante. Su último pensamiento antes de que su cuerpo se duerma completamente debería ser su afirmación fuera del cuerpo.

No olvide enfocar toda su conciencia en las afirmaciones. La intensidad de las afirmaciones y el nivel de compromiso que siente hacia ellas también son muy importantes. Este método funciona para muchas personas y generalmente es suficiente. Si usted lo hace bien, inducirá una experiencia fuera del cuerpo inmediatamente después de que su cuerpo se duerma.

Estas son algunas de las técnicas avanzadas de proyección astral. Por lo general son fáciles de seguir; sin embargo, es posible que tenga que afinar sus habilidades de visualización antes de intentar algunas de ellas. Sin embargo, es útil comenzar con las técnicas básicas. Las técnicas básicas de proyección astral son sencillas, y no requieren realmente que tenga habilidades de visualización poderosas. Al final, es su decisión. Si le gustan los desafíos, siéntase libre de ir por los más difíciles, como la técnica de focalización.

Capítulo nueve: Qué esperar cuando se proyecta en el astral

Comprender cómo se siente la proyección astral requiere experimentarla realmente. Desprender la forma astral de su cuerpo físico también es único para cada individuo. Puede que usted no experimente la proyección astral de la misma manera que otra persona; sin embargo, hay algunas sensaciones familiares que todos los que han tenido alguna vez una experiencia fuera del cuerpo suelen informar. Conocer estas sensaciones antes de la experiencia da una idea de lo que se puede esperar cuando el alma abandona el cuerpo. Abrazar las sensaciones puede hacer que su experiencia de proyección astral sea aún más saludable. Por muy sanas que sean estas sensaciones, a menudo son difíciles de explicar a las personas que nunca las han sentido. Pero cuando se tiene la experiencia, se puede asimilar plenamente la notable proyección astral. Sin embargo, no importa cuán desconocidas sean las sensaciones durante la experiencia de la proyección astral, hay que aceptarlas. Huir de ellas por miedo solo resultará en intentos fallidos de viaje astral. A continuación se presentan algunas de las sensaciones familiares que puede experimentar en el modo astral y la mejor manera de reaccionar a ellas.

Parálisis

La parálisis del sueño le ocurre a la mayoría de las personas durante el viaje astral y generalmente ocurre durante el punto de preparación para la proyección astral. La parálisis y la rigidez se producen debido al estado hipnagógico en el que se endurece todo el cuerpo y se deja solo la mente activa. Como resultado, su cuerpo físico se paraliza de manera similar al estado de parálisis en el que entra cuando está en el modo de sueño. Si esto sucede, no tiene que tener miedo ya que puede despertar a su cuerpo si es necesario. Si está intentando un viaje astral por primera vez, puede que no esté preparado para la experiencia y se sienta incómodo si no puede mover su cuerpo. La mejor manera de mantener el pánico fuera de su mente es imaginar que su cuerpo se duerme lentamente mientras su mente permanece en un estado de sueño. En caso de que se sienta muy incómodo, hasta el punto de que no pueda seguir en ese estado, solo tiene que despertar su cuerpo. De lo contrario, tiene que aceptar la parálisis para continuar su viaje astral.

Vibraciones

Las vibraciones son familiares con cada experiencia de la EFC porque hay que pasar por el estado vibratorio antes de separar el cuerpo astral del físico. Se ha informado que las vibraciones se sienten como una sacudida de electricidad. Sin embargo, la intensidad puede variar de un individuo a otro. Mientras que usted puede experimentarla mínimamente, otra persona puede sentir como si todo su cuerpo estuviera convulsionando, o viceversa. Lo emocionante es que el efecto de las vibraciones en su cuerpo no puede ser visible para nadie que lo esté viendo. El estado vibratorio solo se alcanza cuando sus centros de energía —los chakras— alcanzan una resonancia alineada. A medida que los puntos de energía se sincronizan, se puede sentir como si se abrieran múltiples portales al mismo tiempo. En ese punto, usted puede abrirse y proyectarse en el plano astral. Los proyectores astrales experimentados pueden inducir la etapa vibratoria y aumentar o disminuir la intensidad a voluntad. Con la práctica, usted también puede alcanzar este nivel de habilidad.

Aumento de la frecuencia cardíaca

La proyección astral puede ser bastante intensa, independientemente de si usted es un proyector principiante o experimentado. La intensidad de la experiencia suele ser mayor para los principiantes, por lo que puede sentir que su pulso se acelera a un ritmo insano. Puede que literalmente oiga su corazón latiendo en sus oídos. Piense en la primera vez que intentó hacer ejercicio y recuerde cómo se sintió sin aliento mientras corría. Así que, cuando se quede quieto y sienta que entra en un estado de sueño, donde lo único activo es su mente, no se sorprenda demasiado al sentir que su corazón se acelera más de lo normal. Necesita mucha confianza y fuerza de voluntad para pasar por una experiencia de proyección astral. Emociones como la ansiedad y la agitación pueden contribuir aún más a que su corazón lata. Esto se debe a que estas emociones desencadenan la liberación de adrenalina, que sin querer aumentará su ritmo cardíaco. Trate de no enfocarse en su corazón acelerado; en cambio, trabaje en enfocar su mente en lo que realmente importa, que es la experiencia que está a punto de tener.

Zumbido

El estado vibratorio viene con ciertos sonidos que son bastante distintivos y fuertes. Estos sonidos pueden filtrarse gradualmente en su conciencia o venir como un eco repentino. Los proyectores astrales en su mayoría informan de que oyen sonidos cuando entran en el estado vibratorio. El sonido puede ser débil y dulce para sus oídos, haciendo que se estremezcan. Para otra persona, el sonido puede ser fuerte y envolvente, similar al que se oye cuando se vuela en un avión privado. También puede experimentar un sonido *silbante*, como si el aire soplara a través de sus oídos en un día ventoso. Otros ruidos incluyen un *rugido*, un *chasquido* o una *ráfaga* de viento. Estos sonidos son esenciales porque hacen que el mundo astral se abra a usted mucho más rápido. Por lo tanto, puede aprender a hacer que ocurran siempre que quiera entrar en el plano astral. Una de las formas más efectivas de hacerlo es escuchar los ritmos binaurales.

Hormigueo/entumecimiento

El hormigueo suele formar parte de la experiencia fuera del cuerpo de todo proyector astral. Sin embargo, en algunos casos, puede experimentar exactamente lo contrario de un hormigueo. Las dos sensaciones son dos extremos de una escala. Si usted reacciona a la proyección astral siendo demasiado consciente de las sensaciones, su cuerpo experimentará hormigueo en un nivel leve o intenso. Puede ser una rápida y suave sensación de picor en la piel o una sensación de picor que le hará sentir muy incómodo. Para algunos, se puede sentir como una electricidad que sacude el cuerpo a través de corrientes muy altas.

Por otro lado, si reacciona volviéndose poco sensible a las sensaciones, su cuerpo se adormecerá y no podrá sentir nada. Usted estará ahí, como en un estado de parálisis. El entumecimiento significa que su mente consciente es la única cosa despierta y activa.

Hundimiento

La sensación de hundimiento es otra de las sensaciones predominantes que reportan la mayoría de los proyectores astrales. Es probable que sienta una especie de presión en su cuerpo. La sensación puede ser leve o de tensión, dependiendo de la intensidad de la presión. Esta sensación de hundimiento es el resultado de que el cuerpo se siente pesado y presiona hacia abajo. Es normal. Precede al estado justo antes de la proyección. El aumento de la actividad en el chakra coronario es responsable de la sensación de presión. La sensación solo dura un momento fugaz. Por lo tanto, lo que puede hacer es ser paciente hasta que pase. Distraiga su mente de las sensaciones de incomodidad que pueden acompañarla. Solo siga respirando y permanezca en el estado de tranquilidad original hasta que su forma astral se separe de su cuerpo físico.

Flotando

Después de que su cuerpo astral se haya separado con éxito de su yo físico, puede que se sienta levitando. Esta es probablemente la parte más estimulante de la proyección astral, hacer algo que solo los actores en las películas lo hacen. En la preparación del viaje astral, experimentará una sensación de flotar. Básicamente, siente que su cuerpo es impulsado desde su cama a la superficie por alguna fuerza no física. Esa fuerza es su mente. Puede ser capaz de controlar la velocidad a la que flota y la longitud que alcanza, pero esto es poco probable en su primer intento exitoso. Desafortunadamente, algunas personas experimentan desagradablemente esta sensación de flotar. Sienten que su estómago cae al suelo debido al cambio de altura. Es posible experimentar todas estas sensaciones porque todavía está unido a su cuerpo físico. Una vez que se separe del cuerpo físico, todas las sensaciones asociadas con una forma física se desvanecerán. Recuerde que la forma astral no se ve frenada por limitaciones, a diferencia del cuerpo físico. Por lo tanto, las discapacidades físicas no existen en la forma astral. Su cuerpo astral puede explorar el universo a voluntad sin ser retenido por incapacidades físicas o sin sufrir daños físicos. Su mente es la única limitación que tiene en el mundo astral, y depende de usted de todos modos.

Ruido fuerte

Aparte del zumbido que se escucha en su estado vibratorio, los proyectores astrales han reportado otros sonidos. Si usted tiene oídos para la música, puede ser más sensible a estos sonidos que otros. Prepárese para el posible ruido, para que no interrumpa su estado de tranquilidad. Una cosa de los ruidos en la forma astral es que pueden ser cada vez más fuertes, casi como si alguien se encargara del botón del volumen. Los sonidos van desde tonos de llamada a campanas que suenan e incluso un toque de música real. No se asuste si por casualidad escucha alguno de estos ruidos. Es inevitable experimentar sonidos en la forma astral. Por lo tanto, todo lo que puede hacer es preparar su mente para la experiencia.

Cuando finalmente se proyecte astralmente, es probable que sienta al menos una o más de estas sensaciones. Ya que ahora sabe qué esperar, no debería haber ningún problema en permanecer en su estado de relajación cuando escuche ruidos eventuales.

3 Preguntas frecuentes sobre los viajes en el plano astral

En las discusiones sobre la proyección astral siempre surgen tres preguntas, y las respuestas a ellas ayudan a establecer las expectativas correctas. Más importante aún, ayudan a calmar el miedo que acompaña a la idea de algo tan serio como el viaje astral.

"¿Puede alguien más tomar el control de mi cuerpo en el plano astral?"

Si hay algo que la palabra "imposible" describe, es esto: su cuerpo no puede ser ocupado por ningún otro espíritu que no sea el suyo. La proyección astral, aunque ligeramente diferente, es casi lo mismo que el sueño. Si otra persona no puede tomar el control de su cuerpo mientras duerme, ciertamente no sucederá en el plano astral. Su cuerpo físico no está en ningún peligro potencial.

"¿Me comunico con la gente en el plano astral?"

Por supuesto, puede comunicarse con personas en el plano astral, pero tenga cuidado con quien habla. Hay diferentes niveles de existencia en el plano astral. Por lo tanto, la comunicación puede depender del plano al que vaya cuando esté en su forma astral. Puede que conozca a personas que están viajando en astral en sus sueños. Cualquier intento de comunicarse con estas personas será inútil ya que están inconscientes y preocupados. Lo mejor que puede hacer es ocuparse de sus propios asuntos. No intente hablar con la gente primero. Incluso cuando le hablen, asegúrese de evaluar la situación antes de responder. El reino astral es un lugar muy vulnerable, por lo que es mejor evitar compartir sus sentimientos y opiniones con las entidades equivocadas.

"¿Cómo es el plano astral?"

No se puede obtener una respuesta definitiva a esto. El plano astral no toma una apariencia singular para todo el mundo. El aspecto que tenga dependerá en gran medida de su campo áurico y de la sincronización de sus puntos de energía. Sin embargo, encontrará que su entorno tomará un nuevo aspecto una vez que proyecte su forma astral. Por ejemplo, su dormitorio o sala de práctica tendrá una especie de aspecto astral, lo que significa que no se verá exactamente como su habitación.

Existen muchas más preguntas sobre la proyección astral, pero estas tres son las más relevantes para su viaje en el plano astral.

En el siguiente capítulo, averigüe cómo puede protegerse de entidades peligrosas en el plano astral.

Capítulo diez: Cómo protegerse en el plano astral

Las entidades no materiales residen en el plano astral. Algunas de estas entidades ni siquiera viven allí, pero la visitan, como usted. Aunque usted se encontrará con seres agradables y benévolos, como ángeles y guías espirituales, también se encontrará con seres malévolos. Por lo tanto, es vital estar bien protegido y armado durante el viaje astral. Sin consejos u objetos de protección adecuados, puede encontrarse con un espíritu maligno que le engañará, asustará o confundirá su mente. Los espíritus en el plano astral no pueden dañarle físicamente; sin embargo, pueden dañar psicológicamente su núcleo de energía. El plano astral es una composición de diferentes planos. Varias entidades y espíritus residen en estos planos. Está segregado en dos: el plano astral inferior y el plano astral superior.

El plano astral inferior es el almacén de todo tipo de mal y de todo lo que los humanos temen. Este es el primer plano al que llegará. Ir a las partes más altas del reino astral requiere que pase por el plano inferior, que es cuando es más probable que se encuentre con el peligro en cualquier forma. Si su forma astral es muy poderosa y lleva una luz siempre brillante, los espíritus malévolos del plano inferior aún pueden seguirle hasta el reino superior. Simplemente tienen que seguir el brillo de su forma astral.

Encontrará sus miedos más profundos en el plano astral inferior. Algunas de las entidades que ve en las películas son reales, y puede encontrarlas en el plano inferior. Desde demonios a fantasmas y espíritus malignos, encontrará la mayoría de los seres que hacen temblar en el plano astral inferior. Esto no es sorprendente ya que ya sabe que el reino astral inferior es el depósito del mal. Las entidades de vibración más baja en el plano inferior pueden seguirle para robar y cosechar la luz y la energía de su forma astral. Es como las hormigas al azúcar. Es incluso peor cuando les permite oler el miedo y la incertidumbre en todo su cuerpo. Para mantenerse a salvo, aquí tiene cinco consejos útiles que funcionan para cada proyector astral.

Aumente su vibración

Las entidades en el plano astral inferior se sienten atraídas más que nada por sus miedos y dudas. Se sienten atraídas por las emociones que emiten energía vibratoria negativa. Por lo tanto, una forma efectiva de conseguir que se mantengan alejadas de usted es elevar sus vibraciones a un nivel tan alto como sea posible. Cuando sus vibraciones están en el nivel más alto, las entidades de nivel más bajo encuentran difícil ver o moverse hacia usted. Más específicamente, una vibración más alta también invitará a otros seres de vibración más alta a usted, y puede interactuar con estas entidades. Sin embargo, el aumento de las vibraciones significa que su luz brillará muy intensamente, lo que puede seguir atrayendo a las entidades de menor vibración. Así que prepárese a pesar del aumento de las vibraciones.

Evite los problemas

La prevención siempre será mejor que la cura por buenas razones. Una de las formas más efectivas de protegerse de los seres del bajo mundo astral es evitar tener algo que ver con ellos. Así que, si puede, evite por completo a las entidades de nivel inferior. En la mayoría de los casos, cuando se prepara para visitar el plano astral, su intuición le da una pista de lo que puede estar esperándole en el reino en ese punto en particular. Si su cuerpo siente que algo raro, es mejor cambiar la fecha a otro día. A veces, sin embargo, puede que no reciba ningún aviso previo precognitivo. Sin embargo, cuando llegue al plano astral y sienta que una entidad real inferior viene a su encuentro o le espera, vea si puede tomar otra ruta o simplemente volver al plano material o a su cuerpo físico. Puede entrar en su cuerpo, despertar y esperar un rato antes de intentar volver al plano astral. No regrese a menos que estés seguro de que el ser se ha ido. Normalmente, las entidades no materiales no permanecen en el mismo lugar por mucho tiempo ya que siempre están encontrando al siguiente visitante astral desprevenido para drenar su energía.

Si un ente es atraído por su luz y comienza a dirigirse hacia usted, corra. Vaya a otro plano o al plano material. Si necesita, vuelva a su cuerpo físico. No deje espacio para que la entidad le alcance. Cuanto más rápido pueda salir de su vista, mejor para usted. Una vez que acelere y deje mucho terreno para que le alcancen, lo más probable es que los espíritus malignos dejen de perseguirle. Entonces, puede continuar su viaje.

Luche y busque ayuda

Si los pasos anteriores fallan, puede que tenga que luchar contra cualquier entidad que intente absorber su luz. Una lucha en la forma astral es diferente de su lucha física habitual. La lucha aquí es para proteger su mente, que es también lo único que tiene como arma en el plano astral. Con su mente, visualice y produzca una armadura de luz a su alrededor. Para subir un nivel, cree una espada astral mientras trabaja en ello. En el plano astral, una armadura de luz solo puede ser creada desde el interior de sus propios puntos de energía, usando el poder de la felicidad, el amor y la compasión. Está destinada a servir como su escudo protector. Para conjurar mentalmente una armadura de luz, tiene que concentrarse en pensamientos de amor, felicidad y tranquilidad. Al mismo tiempo, debe usar afirmaciones positivas para asegurarse de estar siendo cubierto por un escudo de luz. Este es el mismo proceso que sigue para crear su propio amor astral. La diferencia clave es que tiene que extraer del amor interno para conjurar una espada de luz que sea lo suficientemente poderosa para luchar contra los seres de baja vibración del plano astral inferior.

Si alguna entidad se enfrenta o se acerca a usted, no tenga miedo de atacarla. Deshágase del miedo y concéntrese en su necesidad de paz y calma. Si apuñala a la entidad con su espada astral, ellos sentirán todo el impacto de su amor y eventualmente se desvanecerán o se alejarán gradualmente. Si intentan atacarle, su forma astral estará protegida por su armadura de luz, y usted estará a salvo.

Sin embargo, los espíritus a veces pueden pillarle desprevenido, lo que significa que puede resultar difícil crear la armadura de luz y su espada astral. En este caso, su otra opción es llamar a entidades de vibración más alta para que le ayuden. Los ángeles y los guías espirituales están disponibles para ayudarle cuando lo necesite. Pueden ayudar a mantener alejados a los espíritus malévolos. Como están más familiarizados con el plano astral y conocen las entidades con las que comparten el reino, es más que probable que los ángeles y los guías espirituales manejen la situación mejor que usted.

5 cosas que pueden ayudarle a aumentar su vibración

Una vez que empiece a practicar regularmente la proyección astral, se familiarizará cada vez más con lo que son las vibraciones. Incluso si no puede entender contextualmente lo que son las vibraciones, las sentirá cada vez que esté en el plano astral. Necesita altos niveles de vibración para mantenerse formidable en el plano astral. Sin embargo, las vibraciones no son algo que pueda aumentar a voluntad. Para aumentar su nivel de vibración, también debe haber estado practicando y trabajando en su forma física. De lo contrario, no recurrirá a sus vibraciones como protección cuando llegue el momento de protegerse de un espíritu malvado en el plano astral. Para preparar su mente y su cuerpo para una experiencia astral sana, a continuación se ofrecen consejos para ayudarle a aumentar sus vibraciones en los planos físico y astral.

1. *Sea agradecido.* La gratitud es una emoción muy importante que la mayoría de la gente, por desgracia, subestima. Estar agradecido es una de las formas más rápidas de aumentar su vibración. Además, es algo que puede hacer inmediatamente, incluso mientras lee este libro. Mire a su alrededor y encuentre algo por lo que esté agradecido. Esto puede parecer algo difícil, pero se sorprendería saber cuántas cosas puede agradecer en un solo momento. Desde su respiración hasta el refugio o la cama en la que está, agradezca algo que importe. Mire las hermosas nubes y agradezca por ellas. La gratitud es una emoción de alta energía, por lo que puede servir como fuente para aumentar su vibración. Siempre que se sienta experimentando una emoción de bajo nivel, simplemente cambie su enfoque de esta emoción encontrando algo por lo que estar agradecido. Haga de la gratitud su hábito, y su sentido de conciencia espiritual puede empezar a expandirse.

2. *El amor.* Piensa en alguien en su vida que sea fácil de amar. Visualice a esa persona sentada con usted y vea cómo le hace sentir. Cuando piense en ella, un sentimiento de ligereza y felicidad debería apoderarse de su alma, y puede sentir que su corazón se está expandiendo. Así es como obtiene el cambio que tanto desea. El amor es una de las emociones humanas básicas, y uno de los sentimientos que le ponen en el estado vibratorio más alto. Puede sacarle del más oscuro de los agujeros. Enseñe a su alma sobre el amor, aliméntela con amor, y se sobrecargará con vibración.

3. *Sea generoso.* La generosidad es otro sentimiento poderoso que puede aumentar su vibración. La avaricia o la tacañería es un sentimiento de baja vibración que le hace sentir mal. No hace nada por usted. Cuando une su felicidad a algo externo, como el dinero, la atención o el amor, da el efecto opuesto a lo que realmente quiere y desea. La clave para sentirse bien consigo mismo es la generosidad. Cuando siente cómo quiere vivir, ponga a su cuerpo en un estado de vibración constante que puede ser útil en el reino astral. Lo que sea que sienta que realmente desea más en la vida, déselo a alguien más. Si siente que no tiene dinero, es el mejor momento para dar a la caridad. Si se siente solo, es el momento de ayudar a otra persona a sentirse deseada haciéndola sonreír. Si siente que el tiempo es demasiado corto, invierta algunas horas en una buena causa. Hacer cosas como esta le enseña que hay más en la vida que lo que cree que no tiene suficiente.

4. *Perdone.* La culpa es una de las emociones que irradian energía de baja vibración. El perdón es lo opuesto a la culpa. Trabajar para el perdón en todo momento le libera de la energía inferior de la culpa, y sus vibraciones suben en la gráfica. Aprenda a perdonar y olvidar también si puede lograrlo. Cuando perdona, el sentimiento de culpa que pesa sobre usted se disipará lentamente, y su corazón y su cuerpo se sentirán más ligeros que de costumbre. Así que, en lugar de culpar a la gente, empiece a perdonarles. El perdón es una forma de ayudarse a sí mismo y de ayudar a la gente a la que perdona.

5. *Medite regularmente.* Cuanto más sincero sea, más alto será su nivel de vibración. La meditación es una forma de entrenarse para vivir el momento y estar presente. Cuanto más practique la meditación, especialmente la meditación de atención, más alto será su estado de conciencia. El pasado es un producto de su mente, al igual que el futuro. Sin embargo, el presente es ahora, y solo dice la verdad. La meditación le ayuda enormemente a aumentar su nivel de vibración rápidamente hasta el punto de poder luchar contra los seres astrales inmateriales si se enfrentan a usted.

La incorporación de estas emociones en su vida está destinada a elevar cada aspecto de su vida, no solo su vida espiritual. Por lo tanto, haga de ellas un hábito y no las considere solo un medio para un fin.

Capítulo once: Encuentro con los Guías Espirituales y otras aventuras de viajes astrales avanzados

Como sabe, el plano astral también alberga muchos espíritus benévolos. Algunos de estos espíritus están ahí para ayudarle cuando lo necesite y sirven como su maestro, para abrir su mente a las verdaderas realidades del universo. Por lo general, cada proyector astral recibe un guía espiritual particular, uno que está unido a su espíritu. Sin embargo, los guías espirituales no suelen ser un solo ser; usted puede tener más de tres guías espirituales a la vez. El guía que ve más a menudo es su principal guía espiritual. Algunos guías solo están ahí para ayudarle durante un breve momento de su vida, mientras que otros estarán con usted hasta el final de los tiempos. Algunos guías solo vienen a enseñarle una o dos lecciones de vida y le ayudan en una búsqueda, particularmente espiritual. Se han escrito varios libros sobre cómo puede contactar con sus guías espirituales siempre que los necesite, pero ese no es el enfoque de este libro. Cuando visita la dimensión astral, se encuentra con sus guías espirituales. ¿Pero qué pasa cuando los conoce? Además, ¿cómo son realmente los guías espirituales? Estas son algunas de las preguntas que la gente se hace constantemente sobre el encuentro con los guías espirituales en el plano astral.

En primer lugar, debe saber que su guía espiritual puede ser cualquiera, pero no son ángeles. Mucha gente asume que los guías espirituales y los ángeles son lo mismo. Lo más básico que debe saber sobre los guías espirituales es que cualquier ser o entidad puede servir como su guía espiritual. Sin embargo, los guías espirituales no son automáticamente ángeles. La diferencia clave entre los ángeles y los guías espirituales es que los guías espirituales son seres encarnados, mientras que los ángeles nunca se han encarnado. Los guías espirituales también se clasifican en diferentes categorías, como guía de curación, guía profesor y guía maestro. Algunas personas creen que los ángeles tienen cosas más importantes que hacer que ser guía sanador o maestro de alguien. Las personas que piensan esto en parte están en lo cierto, pero no todo es tan blanco o negro. Algunas personas han reportado tener ángeles como sus guías espirituales, y eso está bien.

El punto es ayudarle a entender la diferencia entre los diferentes tipos de guías en el plano astral y su papel en su vida.

No es raro en el plano astral encontrar a sus seres queridos difuntos sirviéndole como guía espiritual. Si se encuentra con un ser querido fallecido en el plano astral, no se sorprenda, ya que puede haber elegido vigilarle y protegerle desde el otro lado. Para muchas personas, suelen ser su(s) abuelo(s). A veces, sus antepasados, gente que nunca ha conocido, pueden ser su guía espiritual. Desde hace generaciones, han decidido servir como guías espirituales para la gente de su linaje. Aunque no los conozca, no tema dejar que le ayuden, ya que no tienen ninguna intención maliciosa. Amigos de sus vidas pasadas también pueden servir como guías espirituales. Puede que usted haya elegido encarnar, mientras que los amigos cercanos de su pasado eligieron vivir esa única vida y disfrutar el resto de sus vidas en el plano astral. Como resultado, tienen el poder de elegir ayudarle desde el otro lado. En el plano astral, las limitaciones o restricciones de tiempo no existen. Por lo tanto, puede que conozca a alguien de su vida pasada hace unos 3.000 años. Tal vez alguien que incluso usted conocía del antiguo Camelot. Esto le sucede a mucha gente. Alguien una vez informó de haber conocido a un amigo de su vida pasada en la antigua Roma.

También puede encontrar ayudantes espirituales generales, gente que no tiene ninguna afiliación pasada o presente con usted. No los conoce, pero eligen vigilarle y ayudarle a navegar por el universo en el lugar correcto. A veces, pueden parecer que le ayudan en una tarea en la que está trabajando porque tienen un conocimiento profundo sobre ese tema. Los ángeles a veces también sirven como guías espirituales. Obviamente, no están demasiado ocupados para pasar ayudando a la gente que puede necesitar su ayuda. Los maestros ascendidos también son guías espirituales. Son seres superiores que han encarnado antes. Los maestros ascendidos son aquellos que han alcanzado la cima de la iluminación. Un ejemplo de un maestro ascendido es Buda. Sí, usted puede encontrar a Buda en el plano astral si está cerca. Otras entidades que puede encontrar en el reino astral superior son los elementales, las deidades, los extraterrestres y los animales espirituales.

Factores que determinan quién es su guía espiritual

Es difícil decir a quién tendrá como guía espiritual ya que varios factores lo determinan. Por ejemplo, un experto en habilidades de curación esotérica y tareas espirituales es muy poco probable que consiga a un miembro de la familia como su guía espiritual. Esto se debe a que ya tienen un amplio conocimiento y puede requerir a alguien con un conocimiento superior para que sea su guía. Los cuatro factores que se utilizan para determinar a quién se consigue como guía incluyen:

- Huella energética
- Nivel de conocimiento
- Lazos de relación
- Contrato de preencarnación

Huella energética

Una huella energética contiene todo lo que quiere saber sobre usted mismo como un ser energético. Es la huella de su ser, que tiene todo sobre su composición energética. La información sobre el arquetipo de su alma, los chakras, los colores áuricos y los elementos están todos en la huella energética. Cada persona tiene una huella energética que es única para ella. En el mundo astral, los espíritus le reconocen por su huella energética. No todos los seres en los reinos superiores tienen nombres. Algunos ni siquiera saben lo que son los nombres. Así que tiene que encontrar una forma de identificarse con ellos. Cuando usted recibe un guía que no es de su vida pasada o de la actual, es porque su lectura energética se alinea con la lectura energética de esa guía. En el mundo astral, los seres similares se atraen. Puede que tenga elementos comparables con el guía espiritual que recibe, o puede ser que sus colores áuricos coincidan entre sí.

Nivel de conocimiento

Se obtienen guías que coinciden con su nivel de conocimiento sobre los planos astrales y el universo. Si usted es un principiante en los viajes astrales, no puede esperar conseguir un guía avanzado con una sabiduría infinita para compartir sobre el universo. La guía(s) que se obtiene es uno que puede enseñar algo en el nivel de su conocimiento espiritual para facilitar el crecimiento. La vibración también puede ser un factor en este sentido. También obtiene guías que están en tándem con su nivel de vibración. Si usted es un viajero astral aficionado, no puede conseguir un profesor como su guía espiritual. Obtiene a alguien adecuado para el nivel en el que está.

Lazos de relación

Obviamente, esto significa conseguir gente con la que tenga un lazo o un vínculo. No tiene que compartir necesariamente lazos de sangre; podría ser solo alguien con quien solía estar conectado emocionalmente. Sus seres queridos muertos, vidas pasadas, amigos y antepasados son todas personas que encuentra por el vínculo que tienes con ellos.

Contrato de Preencarnación

Esto es bastante sencillo. Cuando encarna, no tiene todo su grupo de almas. Algunos deciden quedarse en los reinos espirituales para ayudar a otros. Así que, algunas de las personas con las que se encuentra como guías espirituales son a veces personas que tienen un contrato de preencarnación para vigilarle mientras usted está en la Tierra. Es una especie de acuerdo que han hecho con su alma, y no tienen otra opción que cumplir ese acuerdo.

Aparte de encontrar a sus guías espirituales, hay otras aventuras que puede tener en el reino astral. Una de ellas es acceder a los registros Akáshicos.

Acceso a los registros Akáshicos

El registro Akáshico contiene información sobre todo lo que ha sido y será. Cada individuo tiene su propio libro en el registro Akáshico: una suma de su experiencia humana completa. Los registros Akáshicos se describen como una biblioteca sin fin. No se puede acceder al registro Akáshico desde el plano de la materia o el reino físico, pero se cree que se puede cuando se está en la forma astral. El Akasha está en el plano etérico. Visitar los registros Akáshicos para encontrar información sobre su pasado —y posiblemente su futuro— es una de las aventuras que puede tener cuando esté en su forma astral. Históricamente, se dice que solo las personas que han sido consideradas dignas pueden acceder a los registros Akáshicos. Por lo tanto, no es algo que pueda hacer en sus primeras visitas al reino astral.

Acceder a los registros Akáshicos cuando usted está en forma astral es posible porque el plano astral es un lugar de voluntad, donde usa su mente para pedir las cosas que desea. Si lo desea, puede desear desde el plano astral a los registros Akáshicos. Antes de intentar hacer esto, debe haber establecido su intención de viaje astral. Tenga en cuenta que siempre necesita tener un propósito cuando se proyecta en el astral, así que haga que "alcanzar el salón de los registros" sea su objetivo siempre que planee un viaje astral para alcanzar los registros Akáshicos. Debe establecerse como un objetivo específico en su mente, y no debe haber nada más. Ahora que sabe esto, ¿cómo accede a los registros Akáshicos?

Como sabe, necesita usar la técnica de proyección astral que funcione para que se proyecte en su forma astral. Una vez que esta forma se separa de su cuerpo físico, puede entonces querer aparecer en la sala de registros simplemente pensando: «Deseo ir a los registros Akáshicos/la sala de registros». No tiene que decirlo exactamente así, pero debería ser algo similar. Una vez que lo haga, se encontrará en la sala como si estuviera soñando. Sabiendo que la principal forma de comunicación en la forma astral es la mente, lo que necesite encontrar en la sala de registros debe ser deseado con su mente.

Consejos para acceder al registro Akáshico

• *Declare su intención de ir a los registros Akáshicos en su mente.* Por supuesto, debería haber pensado en esto antes de ir a la sala. No intente acceder a la sala hasta que tenga una razón definitiva de por qué quiere hacerlo. ¿Qué es lo que quiere saber? ¿Cómo podría ayudarle el saber esto? No saber exactamente lo que está buscando en el registro Akáshico puede llevar a una búsqueda desorganizada, lo que significa que puede que no encuentre ninguna información útil. Un ejemplo de una posible razón para buscar en el registro Akáshico podría ser averiguar hacia dónde se dirige su relación actual con su pareja.

- *Antes de tomar su forma astral, puede anotar preguntas específicas para buscar respuestas en los registros Akáshicos.* Haga una lista de las cosas que quiere saber y las preguntas que quiere formular. Hágalas tan específicas como sea posible. Por ejemplo, puede preguntar: «¿Cuál fue mi propósito en mi última vida? ¿Está relacionado con mi profesión actual en mi vida actual?». También puede preguntar cosas sobre dónde vivía o qué trabajos tenía.

- *No haga preguntas vagas o irrelevantes cuando esté en la sala de registros.* Haga preguntas que le ayuden a ofrecer soluciones a cualquier problema que pueda estar enfrentando en su vida actual. Haga preguntas que puedan guiarle en la toma de decisiones que puedan afectar toda su vida. Si ha estado enfrentando un problema en particular y no hay una solución a la vista, pregunte acerca de la mejor solución. Por ejemplo, puede preguntar: «Actualmente estoy pensando en cambiar de trabajo para dedicarme a mi pasión, pero no sé si será una buena decisión o no».

- *No haga más de una pregunta a la vez.* Recuerde que su mente es su herramienta de comunicación en el salón de los registros. Así que en realidad no habla; solo piense en cualquier pregunta que tenga. Hacer una pregunta a la vez hace más fácil obtener respuestas más claras. Concéntrese en cada tema que le interese a la vez. Por ejemplo, haga preguntas sobre su relación antes de pasar a las preguntas sobre su carrera, salud o cualquier otro tema que le pueda interesar.

- *Mientras esté en los registros Akáshicos, manténgase relajado, para no salir de su forma astral antes de obtener las respuestas a sus preguntas.* De vez en cuando, respire profundamente mientras permanece en la sala. Mantenga la calma, y mantenga sus emociones bajo control. No se entusiasme ni se preocupe por obtener las respuestas que busca.

Una vez que accede a los registros Akáshicos, ¿cómo encuentra la información que necesita?

- *Piense en voz alta y pida que le concedan acceso a su libro en el salón de los registros.* Si lo desea, puede preguntar en voz alta diciendo algo como: «Busco información sobre mí mismo en el pasado. ¿Puedo acceder a mi libro para encontrar la información que busco?». Después de hacer esta pregunta, inspire profundamente y aclare su mente. No se sorprenda si no obtiene una respuesta inmediatamente. Puede que tenga que preguntar más de una vez antes de que se le conceda acceso a sus registros.

- *Espere.* No puede hacer nada más que esperar a que se le conceda la información que busca. Contrariamente a lo que ve en las películas, los seres superiores no siempre salen de detrás de los estantes y le entregan su libro. En su lugar, la información aparecerá en su conciencia. Continúe respirando profundamente mientras espera por la cosa que busca. Tenga en cuenta que la información puede llegar de diferentes maneras a través de sus cinco sentidos. Puede que vea, pruebe, huela, sienta o escuche algo. Esa es la forma en que la sala akáshica transmite el mensaje. Por ejemplo, si pregunta a dónde le llevará su relación actual, puede ver la forma de un anillo en el ojo de su mente, lo que probablemente significa que resultará en un matrimonio. Alternativamente, podría probar algo dulce como una tarta, lo que podría significar lo mismo.

- *En algunos casos, puede sentir inmediatamente la presencia de un ser superior.* Incluso puede ver a este ser dependiendo del nivel de sus habilidades clarividentes. Si siente a alguien cerca de usted, vuelva a presentarse en voz alta y haga su pregunta una vez más. El ser superior puede ser el guardián de sus registros o alguien que esté allí para hacer alguna otra tarea. De todas formas, haga su pregunta y puede que le ayuden.

- *Después de que tenga éxito en el acceso a sus registros, puede volver a casa.* Una vez que esté de vuelta en su forma física, necesitará interpretar la información que reciba. Tome un bolígrafo y un papel y úselo para descifrar lo que le dieron. A veces, necesitará visitar los registros Akáshicos varias veces antes de obtener finalmente la respuesta completa a una pregunta.

Siempre puede repetir los pasos anteriores para seguir aprendiendo sobre su pasado en el salón de los registros. Puedes hacer visitas semanales o quincenales. Recuerde mantener un tema a la vez cuando acceda a los registros Akáshicos.

¿Sexo en el plano astral?

El sexo astral se está convirtiendo en una tendencia, y cada vez hay más gente que lo reporta. Es probable que ya esté familiarizado con los sentimientos y sensaciones del sexo físico. Aun así, probablemente no sabía que también puede participar en las relaciones sexuales mientras está fuera de su cuerpo, y las personas han declarado que es incluso mejor que el sexo físico. Sin embargo, no puede saberlo a menos que lo intente. Por lo tanto, si está dispuesto a hacerlo, hay toda una parte del reino astral dedicada a aquellos que quieren deleitarse con el placer sexual sin tener que hacerlo de la manera habitual.

El sexo astral también se conoce como sexo no corpóreo, y hay múltiples formas de participar en él. Puede decidir tener sexo de ensueño, lo que implica tener sexo con un personaje de ensueño de su elección. Puede tomar su forma astral y tener sexo con otra persona mientras aún está en su forma física. O puede hacer que su pareja vaya al plano astral con usted y desate una pasión desenfrenada. Todo depende de la elección que haga.

Sexo de ensueño

Es seguro y absolutamente normal tener sexo en sus sueños. Además, solo porque sea un sueño no significa que esté desprovisto de placer. Solo usted y el personaje del sueño que desarrolla en su mente subconsciente. Esto es posible cuando induce un estado de sueño lúcido. Por muy placentero que sea, no tiene que hacerlo si no es algo que realmente quiere.

Sexo astral-corporal

Aquí es donde una persona está en su forma física, y la otra persona está fuera del cuerpo. Si ambos ya han aceptado, todo lo que necesitan hacer es entrar en su forma astral y luego canalizar su forma astral a donde esté el cuerpo físico de la otra persona mientras duerme. Entonces, simplemente carga su energía en el de ellos, ya que puede ver su forma astral y sus pensamientos sexuales en su campo de energía. Esto le llevará a experimentar una dicha sexual similar a un orgasmo, pero no de cualquier parte del cuerpo. Su pareja sexual tendrá un sueño húmedo que le involucre o se excitará sexualmente mientras aún está inconsciente. Si su pareja es muy buena en el sueño lúcido, esta experiencia puede desencadenar un sueño lúcido. De lo contrario, se despertará al día siguiente y recordará haber soñado con usted.

Astral-Astral

Si su pareja también es un proyector astral, esto es algo que pueden lograr juntos. Ambos solo necesitan inducir sus estados astrales, viajar a lo profundo del plano astral y tener relaciones sexuales conscientemente. Sin embargo, esto puede ser un poco difícil ya que el reino astral no siempre es predecible. Si puede, elija un lugar y una hora antes del día elegido. Además, asegúrese de estar en la misma frecuencia astral. Cuanto más cerca estén ambos emocionalmente, mayores serán las posibilidades de tener sexo no corpóreo.

Aparte de esto, algunas personas han reportado tener sexo con entidades que se encuentran en el plano astral. Esto no es seguro, y nunca debe intentarlo, ya que algunas de estas entidades pueden estar ahí para drenar su energía.

Capítulo doce: Cómo volver al cuerpo físico

La idea de que el alma puede separarse permanentemente de su cuerpo durante la proyección astral es una idea que ha impregnado los medios de comunicación durante demasiado tiempo. Se ve en las películas, donde el alma de un antagonista se separa de su cuerpo físico y luego se envía a las profundidades del plano astral inferior, para no volver nunca más. A menos que usted muera, su alma no puede separarse completamente de su cuerpo. Volver a su forma física después de una experiencia fuera del cuerpo es un proceso bastante sencillo. Sin embargo, algunos creen que es posible ir al plano astral sin poder volver a su cuerpo físico. De hecho, hay un mito popular sobre la gente que muere en el plano astral. Las personas que dicen tales cosas nunca han tenido una experiencia fuera del cuerpo o se han molestado en averiguar más sobre ello. Como resultado, muchos temen involucrarse en la práctica de la proyección astral. La mayor parte de la información que se encuentra en línea con respecto a estos conceptos erróneos proviene de lo que la gente ve en las películas o lee en los libros de cuentos de hadas. Del mismo modo, algunas personas creen que permanecer demasiado tiempo en el plano astral también puede dejar su cuerpo vulnerable a entidades negativas que se apoderarán de él, por lo que nunca podrá volver. De nuevo, estas son falsedades flagrantes.

Volver a su cuerpo físico después de un viaje astral no es difícil mientras sepa cómo hacerlo. En algunos casos, su alma puede incluso volver a su cuerpo por sí misma si siente que estás en alguna forma de peligro y usted no puede manejarlo. Para volver a su cuerpo físico, necesita saber qué es el cordón de plata. El cordón de plata une su alma a su cuerpo físico y le guía hacia su forma astral y de vuelta cuando haya terminado. Gracias al cordón de plata, su alma siempre permanecerá conectada a su cuerpo físico, incluso cuando esté en su forma astral. El cordón de plata es fuerte y duradero; no es algo que pueda simplemente romperse o cortarse. Además, puede extenderse más allá de los límites. Incluso si lo intentara, no podría cortar el cordón de plata. Por lo tanto, nadie puede desconectarle completamente de su cuerpo físico.

El cordón de plata tiene una textura muy suave que nunca puede enredarse o formar nudos. No se puede quitar, pero se puede estirar de un lugar a otro. Cuando usted entra en su forma astral y vuela hacia los planos superiores, el cordón de plata le sigue sin separarse de su cuerpo. Este cordón no está hecho de un elemento material; es energía pura, por lo que no puede ser cortado o eliminado. Por lo tanto, puede estar seguro de que no hay manera de que nadie pueda cortar la conexión entre su cuerpo físico y astral. Tampoco puede esta conexión debilitarse. El vínculo entre su alma y su cuerpo permanece intacto incluso en la forma astral.

Ahora para volver a su cuerpo físico: Como ha leído, el proceso es simple. Solo tiene que seguir su cordón de plata de vuelta a su cuerpo. Cuando usted entra en estado astral, su cordón de plata marca el camino a seguir. Una vez que haya terminado de explorar el plano astral, puede volver a su cuerpo siguiendo el cordón de vuelta. En su forma astral, el tiempo y la materia no existen. La distancia tampoco existe. Si lo desea, puede volar a la velocidad de un avión. O puede correr a la velocidad de la luz. El regreso a su cuerpo puede no tomar ni un segundo; se trata más de su mente que de su cuerpo. Teniendo en cuenta que el mundo astral es un lugar de voluntad, solo necesita desear volver a su cuerpo.

Comprensiblemente, usted puede experimentar algunas dificultades para volver a su cuerpo, pero por lo general no es nada de qué preocuparse. Si usted tiene problemas, solo tiene que volver al reino astral, explorar un poco más, y luego intentarlo de nuevo. Cuando esté viajando por el astral, y algo amenazador ocurra, el alma regresará instantáneamente a su cuerpo físico. Lo mejor que puede hacer es preparar alguna forma de protección para su campo de energía.

Capítulo trece: Efectos secundarios e integración

Una vez que su alma se haya reconectado con su cuerpo, se despertará inmediatamente. En este momento, tiene un elevado sentido de conciencia que puede ser usado para una mayor iluminación. Lo mejor que puede hacer después de volver al reino físico y a su cuerpo físico es meditar y hacer que su mente vuelva a estar en sintonía con la realidad. Así como la meditación es genial para calmar su mente antes de comenzar su viaje astral, también es muy eficaz para devolver su mente y su cuerpo a su estado normal. No hay efectos secundarios negativos de regresar del reino astral. Los efectos son generalmente positivos. En una sola experiencia astral, su mente puede volverse increíblemente iluminada. Sin duda, notará un gran cambio en su visión del mundo y de las cuestiones relacionadas con usted y la gente que le rodea. La meditación puede hacer que esto sea aún más realzado. La meditación de la conciencia abre su mente y aumenta su capacidad de permanecer consciente y alerta del momento presente. Por lo tanto, cuando practique la atención plena justo después de la proyección astral, le ayuda a permanecer en tierra después de lo que acaba de experimentar. Esto significa que puede mantener las sensaciones de estar en el mundo astral tanto tiempo como quiera, probablemente hasta su próxima visita al reino astral.

Meditar justo después de integrarse de nuevo en su cuerpo es también una manera de asegurarse de que usted obtiene lo mejor de su experiencia astral. Por ejemplo, si accede al registro Akáshico a través de su forma astral, meditar justo después de volver a su forma física puede ayudarle a abrir su mente, para que pueda descifrar los mensajes que se le transmitieron en la sala de registros. La meditación, particularmente la meditación de atención plena, aumenta su sentido de claridad y calma sobre la increíble experiencia que acaba de tener.

Meditación fuera del cuerpo

La meditación fuera del cuerpo puede practicarse después de regresar del plano astral y justo antes de integrarse en el cuerpo. Meditar justo después de una experiencia fuera del cuerpo ayuda a mejorar las secuelas de su visita a los planos superiores. Para meditar mientras aún está fuera del cuerpo:

- Sienta su forma astral en el aire justo encima de su cuerpo físico. Su mente puede estar en un estado de agitación debido al reino del que viene. Cálmese y deje que su cuerpo se relaje.

- Permanezca en esa posición tanto tiempo como desee. Permanezca quieto. Su mente subconsciente absorberá mejor su experiencia en el reino astral de esta manera.

- Concéntrese y deje que la mente se ilumine a sí misma de su viaje en el plano astral.

- Después de un tiempo, vuelva a su cuerpo físico.

No medite por mucho tiempo ya que quiere evitar dormirse mientras está todavía en su forma astral.

Diario

Aparte de la meditación, otra cosa que debe hacer después de cada experiencia fuera del cuerpo es escribir un diario de su experiencia. Se ha demostrado que documentando y midiendo cada intento que hace puede hacer el progreso mucho más fácil y rápido. Lo mismo ocurre con la proyección astral, los viajes astrales y las experiencias fuera del cuerpo. Para registrar sus intentos de EFC, use un diario. No siempre tiene que escribir algo en profundidad, solo anote cómo se siente justo después de su experiencia. No espere a que se le olvide cómo se sintió después de la experiencia. Llevar un diario es una manera increíble de monitorear sus esfuerzos de proyección astral y encontrar dónde mejorar. Si lleva un diario de sus viajes astrales, le proporciona una visión de lo que es realmente efectivo para usted, sirve como recordatorio de sus éxitos y fracasos, y, lo más importante, le ayuda a mantenerse motivado para convertirse en un experimentado proyector astral y viajero en poco tiempo.

- *Establecer una rutina de práctica*

Sin una rutina, puede ser difícil lograr cualquier cosa relacionada con el viaje astral. Se necesita mucha disciplina para mantenerse al día con la proyección astral, especialmente cuando no se han tenido muchos intentos exitosos. Consiga un buen diario donde pueda escribir algo en tinta, no lo guarde en su teléfono. Escribir su experiencia con un bolígrafo y papel le hace apreciar la salud de sus viajes astrales. Sin embargo, si desea, puede usar su teléfono o la computadora para tomar notas de todo lo que ocurre en el reino astral. Después de un mes de diario, usted debe haber establecido con éxito una rutina y hacer la práctica de la proyección astral un hábito.

- *Evaluar el progreso, monitorear el éxito y examinar los fracasos*

Algunas personas tienen buenos resultados cuando intentan por primera vez la proyección astral. Simplemente acercarse a tener una EFC real es un éxito. Sin embargo, terminan rindiéndose cuando lo intentan muchas veces sin obtener la experiencia que anhelan. Por lo general, esto sucede debido al olvido: se olvidan de la medida en que tuvieron éxito y de lo que quedó para que fuera un éxito completo. Registrar sus experiencias puede ayudarle a evitar esto. Cuando se registra el progreso, el éxito y los fracasos en la práctica de la EFC, es más probable que se mejore. ¿Por qué? Porque usted está monitoreando su progreso. Usted sabe lo que está haciendo bien y lo que parece no estar haciendo bien. Por lo tanto, lleve un diario y busque activamente maneras de mejorar para encontrar la técnica que más le convenga. Solo así conseguirá resultados más tangibles.

- *Mejorar la realidad*

La proyección astral es una cosa que puede parecer intangible, pero escribirla hace que las experiencias se sientan más reales. Incluso si falla algunas veces, las fallas se sentirán reales para usted cuando las escriba. Si alguna vez ha llevado un diario de sueños, sabrá lo que se siente. Cuando escribe los sueños inmediatamente después de despertar, tienden a quedarse con usted en su subconsciente. Pero si no los registra, desaparecerán rápidamente. Así que, empiece a escribir sus experiencias, y se sentirán más reales para usted. Más importante aún, sus logros se harán más evidentes, y eso le motivará a seguir practicando.

Finalmente, asegúrese de establecer un horario para su práctica de EFC. Elija un día de la semana para practicar y asegúrese de no perderlo nunca. A medida que mejore, puede aumentar el número de veces que practique cada semana. La práctica regular es usualmente la clave para desbloquear sus capacidades de proyección astral. Por lo tanto, continúe practicando y explorando el reino astral para obtener un sentido más profundo de la iluminación y la conciencia. Después de un tiempo, puede que incluso desbloquee sus habilidades psíquicas.

Capítulo catorce: Curación con energía

Si usted planea convertirse en un proyector astral regular, debe saber cómo facilitar la curación con energía cuando sea necesario. No tiene que dominar la curación con reiki antes de que pueda curarse a sí mismo. En el capítulo uno, aprendió que el campo áurico puede comportarse mal cuando los centros de energía no están sincronizados. Esto puede afectar a su capacidad de tomar su forma astral. Cuando siente que sus centros de energía están desalineados, los maestros de la curación han demostrado cuatro técnicas esenciales para ayudar a curar y restaurar sus niveles de energía —precisamente como un sanador de energía le ayudaría a restaurar sus poderes.

- **Conéctese al flujo de energía cósmica**

Siempre que sus puntos de energía no se sientan sincronizados, puede conectarse al punto universal de energía para aprovechar la interminable fuente de energía y curarse a sí mismo. Una vez que haga esto, experimentará una abundancia de energía y aumentará sus vibraciones para ser más poderoso. La forma más fácil de aprovechar el flujo de energía cósmica es visualizar un cable de conexión a tierra que se extiende desde su asiento hasta el suelo para conectar con el centro de energía de la Tierra. Cuando sienta esta conexión, respire y permita que la energía pase por el mismo cable que le conecta con el centro de energía de la Tierra. Sienta el flujo de energía que sube por su cuerpo, desde sus pies hasta sus piernas, estómago, pecho, cuello, corazón y cabeza. Deje que la energía le inunde la cabeza como si estuviera bajo una cascada. Luego, visualice la lluvia de energía, haciendo su camino de regreso al suelo a su centro una vez más. Este ejercicio de visualización puede fácilmente conectar y recargar su cuerpo con la energía del centro de flujo universal.

- **Limpie regularmente su aura**

Si su campo energético está contaminado, drenado o desequilibrado, afecta a su aura. La energía externa puede hacer que su aura se empañe debido a la falta de un flujo de energía adecuado. Añada eso a los colores áuricos opacos, y será vulnerable la próxima vez que intente ir al plano astral. Por lo tanto, es esencial limpiar su campo áurico regularmente, para que mantenga una apariencia vibrante. Los colores opacos en el aura pueden producir una vibración baja y estática que hace imposible operar en el plano astral con una mente clara. Para limpiar su campo áurico y restaurar sus colores, siéntese en algún lugar tranquilo y junte los dedos de su mano izquierda para formar un cono. Luego, ponga los dedos del cono en el lado derecho de su cabeza, un poco por encima de la frente. Repita lo mismo con la mano derecha, pero póngalos en el lado izquierdo de su cabello. Permanezca en esta posición durante unos quince segundos y luego intercambie las manos. Espere otros quince segundos. Cada chakra, sus puntos de energía, pueden ser comparados con una luz de Navidad. Usar esta técnica significa que está conectando cada centro con el siguiente para iluminar todo su campo áurico.

- **Construya un escudo alrededor de su campo energético**

Cuando habla con otros o hace algo tan simple como intercambiar saludos, sin saberlo usted está participando en un intercambio de energía. Puede que haya observado que algunas personas parecen contaminar su estado de ánimo, mientras que otras lo iluminan. Esto se debe a que cada persona con la que pasa tiempo tiene su propia manera de afectar su campo de energía. Puede que no sepan que están haciendo esto. A veces, sin sospechar nada, se mete en un intercambio de energía desfavorable con la gente equivocada. Esto entonces afecta a su campo áurico y a todo lo que está vinculado a él, incluyendo su mente, su espíritu astral y su cuerpo físico. Por lo tanto, es esencial protegerse de la negatividad. Mantener un escudo alrededor de su campo energético cada vez que intercambie con la gente evitará que su campo energético sea saturado o sobresaturado por la energía negativa. Esto ayuda a preservar su energía para mantener alejados a los vampiros de la energía.

Para construir un escudo alrededor de su campo áurico, siéntese en un espacio tranquilo, y visualice una luz muy brillante de cualquier color. Deje que la luz brille desde la parte superior de su abdomen a cada parte de su cuerpo, para que sature su campo áurico. Es como poner una manta gruesa y suave sobre su cuerpo para mantenerse caliente y centrado. Esta técnica le mantendrá protegido de potenciales vampiros energéticos.

Capítulo quince: Aumente sus habilidades de clarividencia mediante la proyección astral

La clarividencia es una habilidad psíquica primaria que literalmente significa "visión clara". Esto apunta a una habilidad para ver dentro y más allá de todas las cosas. La clarividencia le permite mirar dentro del conocimiento de su alma y de otras almas que existen en el universo, incluyendo las del pasado y las que están por manifestarse. Los expertos creen que todo el mundo tiene habilidades de clarividencia, aunque el grado varía de persona a persona. Lo bueno es que la proyección astral y los viajes astrales pueden ser muy efectivos para mejorar sus habilidades clarividentes. Cuando usted visita el plano astral, hay algunos pasos que puede dar para expandir sus habilidades. Así como el ejercicio puede ayudar a desarrollar sus músculos físicos, los ejercicios de proyección astral pueden ayudar a desarrollar sus músculos psíquicos.

La práctica de la proyección astral es un momento para liberar sus miedos, incluyendo sus miedos clarividentes. De una forma u otra, puede que haya experimentado su clarividencia manifestándose de forma extraña. Sin sospechar, puede que la haya bloqueado en su subconsciente debido a que no la reconoce por lo que es. Así que lo primero que tiene que hacer es liberar sus miedos con respecto a su don mientras está en el plano astral. Mientras medita para proyectarse en el plano astral, puede simplemente afirmarse a sí mismo lo siguiente: «Dejaré ir mis miedos con respecto a mis habilidades psíquicas en el plano astral». Afirmarlo a usted mismo antes de salir lo hace mucho más fácil de hacer. Una vez que llega al plano astral o simplemente entre en su forma astral, ¿cómo lo hace posible?

- *Encuentre un lugar tranquilo en el plano astral.* Asegúrese de hacer esto en el plano astral superior para evitar ser atacado por una entidad astral inferior mientras está absorto en la tarea. Si no está en el plano superior, cree una armadura de luz a su alrededor para mantener alejadas a las entidades negativas.

- *A continuación, intente localizar la fuente de su miedo.* Hacer esto en la forma astral sería mucho más cómodo que en el plano físico, ya que su conciencia es la única cosa activa y consciente en el reino astral. Por lo tanto, debería ser más fácil navegar y buscar a través de él. Identifique la fuente del miedo.

- *Una vez que conozca la fuente, use la afirmación positiva para alejar el miedo.* Diga algo como: «Dejé ir el miedo que me impedía acceder a todas mis habilidades clarividentes».

- *Repita esta afirmación tantas veces como quiera.*

Hágalo tres veces seguidas cada vez que esté en el plano astral, y perderá su miedo a la clarividencia en poco tiempo.

Una vez que se deshaga de sus miedos, el siguiente paso es sintonizar con su chakra del tercer ojo. El chakra es uno de sus puntos de energía y es la razón por la que tiene habilidades de clarividencia. Ya que el chakra del tercer ojo es un punto de energía y el cuerpo astral es una de las capas de energía, sintonizar con su tercer ojo es usualmente más fácil en el plano astral.

En su forma astral:

- Cierre los ojos y enfoque el punto entre las dos cejas. Imagínelo como una forma ovalada horizontal entre sus ojos.

- Intente notar si el párpado de este tercer ojo está cerrado o abierto. Si está cerrado, pídale suavemente que se abra y repita la petición hasta que sienta el ojo abierto.

- Cuando el tercer ojo se abra, sentirá una ráfaga instantánea de calor en su cuerpo. Esto sucede porque abraza una parte de usted que había sido bloqueada previamente.

- Si no lo hace bien la primera vez, siga practicando hasta que lo consiga.

Recuerde que también puede hacer este ejercicio en su forma física. Sin embargo, puede que no sea tan efectivo porque está más cerca de los puntos de energía cuando está en su forma astral.

Después de abrir literalmente su tercer ojo, puede empezar a ver objetos flotantes, sombras, luces e imágenes. Estos generalmente vienen en diferentes formas: a todo color, negro, blanco, gris, realistas o de dibujos animados. Al principio, es probable que no entienda las imágenes. Para hacerlas más evidentes para usted, practique la visualización antes de empezar a usar su poder para hacer y responder preguntas específicas. Recree visualmente las imágenes en su mente y hágalas más prominentes y brillantes para verlas e interpretarlas claramente. Esto requerirá mucha de su fuerza de voluntad e intención, principalmente cuando practique en su forma astral. El plano astral es un punto de energía, lo que significa que naturalmente requiere más energía para existir en el plano. Si practica regularmente los métodos de curación con energía que se han tratado en el capítulo anterior, nunca tendrá que preocuparse de que su fuente de energía se agote en el plano astral.

Empiece a utilizar sus habilidades clarividentes para responder a las preguntas. Asegúrese de que las preguntas sean lo más específicas posible. No haga preguntas abiertas como: «¿Cómo es mi futuro?».

En vez de eso, hágalas específicas como: «¿Todavía tendré esta habilidad en los próximos quince años?». Las preguntas que haga deben ser formuladas de manera que las respuestas que obtengas puedan ser decodificadas más fácilmente. Deje las preguntas generales en paz hasta que se haga más avanzado en sus habilidades. Una vez que empiece a recibir imágenes mentales, empiece a tratar de interpretarlas para que pueda saber lo que le están diciendo. Si algunas de las imágenes no significan nada para usted, utilice su tiempo en el plano astral para consultar con sus guías espirituales y otras entidades superiores para aclarar los significados de las imágenes y los símbolos. Las respuestas de su guía espiritual pueden venir a través de sentimientos, gustos, pensamientos o sonidos, tal como sucede en la sala de registros Akáshicos. No se desespere si la respuesta que obtiene parece vaga o aleatoria; es normal. Todo lo que necesita hacer es repetir sus preguntas a los seres superiores para que ellos puedan seguir respondiendo de diferentes maneras hasta que finalmente usted lo entienda.

Mientras tanto, lleve un diario de sus experiencias clarividentes. No debe escribir estas experiencias en el mismo diario que usan para su viaje EFC, tome otro diario. Mantener un diario, como ya sabe, le ayuda a monitorear su progreso. En este caso, le proporcionará una mayor comprensión de otras habilidades psíquicas que pueda poseer. Si es posible, encuentre a alguien que también tenga habilidades psíquicas y que esté en proyección astral. Pueden ayudarse mutuamente a desarrollar sus habilidades y a ser más poderosos.

No olvide meditar y practicar la visualización regularmente ya que ambas acciones pueden mejorar aún más sus habilidades de clarividencia. Además, asegúrese de compartir sus experiencias con su guía espiritual y cualquier otro ser superior en el plano astral.

Conclusión

Felicitaciones, usted está en camino de convertirse en un consumado proyector astral. Hay dos caras en el aprendizaje de la proyección astral: 1) Tener los recursos adecuados para obtener toda la información que necesita, y 2) Poner en práctica esa información.

Este libro ha cubierto casi todo sobre la proyección astral. Ha aprendido sobre las técnicas básicas y avanzadas de proyección astral y la manera correcta de ponerlas en práctica. Y lo que es más importante, ha aprendido a permanecer protegido en el reino astral. Por lo tanto, todo lo que queda es practicar y comenzar su viaje hacia la iluminación y la conciencia espiritual.

¡Disfrute de su viaje!

Vea más libros escritos por Mari Silva

www.ingramcontent.com/pod-product-compliance
Lightning Source LLC
Chambersburg PA
CBHW062055280426

43673CB00073B/186